„ Moderne "

„ Ende in Sicht! "

Walter Segal → 1985 gelesen! -

zu Bruno Zevi:

„ Nicht verzagen, der post-moderne
Spuk ist im Abflauen.
Noch ein paar Jahre, und
wir werden wieder bauen! " -

x „ Man lese ihn! " -   W. Segal
            (78 Jahre alt.)

„ Unaufdringliche Schönheit
erreichen ! " - M. N. Polzin
            (Alter Jüngling ! -)
                  1999

2. Bspl. „ Laotse ", - alter Mann,
            oder, - altes Langohr !

ATLANTIS, L.K. 1987

ARCHITEKTUR

FREIHEIT
ODER
FATALISMUS

LÉON KRIER = sachlich und gut.

„Tom Wolfe" = absolute Scheiße! –
M.N.P.

Mit einem Vorwort von
Rainer Haubrich

? „ Aus Gründen, weil das
„Handwerk" zum „Mundwerk"
geworden ist! " –
M.N.P.

April 1999

2 X gelesen! –
Mai 1999
März 2000

Prestel

München · London · New York

DANK

Mein besonderer Dank gilt Marie-Laure Bonnal für ihren Beitrag zu Struktur und Ton der Originalausgabe, Maurice Culot, meinem Freund und langjährigen Ratgeber, Benedetto Gravagnuolo, dessen Einladung zu einer Vortragsreihe am Istituto Italiano di Filosofia in Neapel die Anregung für dieses Buch gab, Gabriele Rave und Raphael Wilczek für die Übersetzung ins Deutsche und Helmut Rudolf Peuker, ohne dessen unermüdlichen Einsatz die deutsche Ausgabe nicht zustandegekommen wäre.

Léon Krier

PRINZ CHARLES,
DEM GRÜNDER VON POUNDBURY,
GEWIDMET.

Aus dem Französischen übersetzt von Gabriele Rave,
aus dem Englischen von Raphael Wilczek
Umschlag: Léon Krier, Atlantis, 1987
Gemälde von Carl Laubin nach einer Zeichnung von Léon Krier

Die Deutsche Bibliothek · CIP-Einheitsaufnahme
Krier, Léon:
Freiheit oder Fatalismus: Architektur/Léon Krier.
Mit einem Vorw. von Rainer Haubrich.
[Aus dem Franz. übers. von Gabriele Rave.
Aus dem Engl. von Raphael Wilczek]. –
München: Prestel 1998
ISBN 3-7913-2017-3

© 1998 der deutschen Ausgabe
Prestel-Verlag, München · London · New York, und Léon Krier
© der abgebildeten Zeichnungen: Léon Krier

Prestel-Verlag
Mandlstraße 26, 80802 München
Telefon (089) 38 17 09-0,
Telefax (089) 38 17 09-35

Lektorat: Dagmar Lutz, München
Herstellung und Satz: Stefan Engelhardt, Mühldorf a. Inn
Reproduktion, Druck und Bindung:
Passavia Druckservice, Passau

Printed in Germany
ISBN 3-7913-2017-3

INHALT

VORWORT   7
von Rainer Haubrich

I ASPEKTE DER MODERNITÄT   17
Einführung. Zeitgenössische Perspektiven. Vom politischen Pluralismus zu archi-
tektonischer Vielfalt. Die Autorität des Architekten in der Demokratie. Für eine
Koexistenz der Doktrinen. Der Kategorische Imperativ des Architekten

II DIE NATUR DES ARCHITEKTONISCHEN OBJEKTS   33
Res publica – res privata. Benennbare und sogenannte Objekte. Name und Schimpf-
name. Falsche und wahre Denkmäler. Technologie und architektonischer Ausdruck.
Klärung einiger Begriffe (Modernität, Modernismus, Tradition. Typologie, Typus,
Komposition. Erfindung, Innovation, Entdeckung, Originalität. Traditionelle Archi-
tektur: Vernakuläres Bauen und Klassische Architektur. Region und Stil)

III KRITIK AN EINER MODERNISTISCHEN IDEOLOGIE   61
Wie Einfaches durch Unnützes verkompliziert werden kann. Modernismus als Anti-
Konformismus des Systems. Historismus und Modernismus. Modernismus und Fort-
schritt. Die Ausweglosigkeit des Modernismus. Modernismus und Funktionalismus.
Modernismus und Formalismus. Zeitgeist. Modernismus und Denkmalpflege. Charta
von Venedig und Docomomo. Nach dem Modernismus

IV PERSPEKTIVEN EINES NEUEN STÄDTEBAUS   87
Formen städtischer Überexpansion. Ökologie und Städtebau – eine notwendige Verbindung. Kritik der industriellen Planung und funktionalen Zonierung. Die Urbanisierung der Vororte. Neue Möglichkeiten der Stadtentwicklung und das innere
Wachstum der Städte. Notwendigkeit einer Reform der Entwicklungsprogramme.
Der Bebauungsplan (Masterplan) – eine Definition. Der Bebauungsplan, ein Instrument von öffentlichem Interesse

V DIE POLYZENTRISCHE STADT URBANER GEMEINSCHAFTEN   123

Die Stadt in der Stadt. Strukturelle Komponenten. Struktur und Form eines Stadtviertels. Geometrie des Stadtnetzes. Die Lage von Gebäuden an Plätzen, Straßen und Wohnblocks. Typus, Form und Charakter städtischer Räume. Einparzellige Blocks, mehrparzellige Blocks und ihre Architektur. Die Hierarchie öffentlicher Räume und des Verkehrs. Die polyzentrische Zonierung von Funktionen. Die Höhe von Bauwerken. Kritische Probleme der Baudichten. Künstliche Beleuchtung von öffentlichen Räumen

VI DIE MODERNITÄT TRADITIONELLER ARCHITEKTUR   171

Traditionelle Kultur und die Idee des Fortschritts. Architektur und Politik. Das Schicksal traditioneller Architektur. Der zeitlose Wert tradioneller Grundsätze. Das Neue, das Einmalige, das Tektonische, das Originale. Venustas · firmitas · utilitas

VII DIE UNIVERSELLE BEDEUTUNG EINER MODERNEN HANDWERKSINDUSTRIE ODER DIE VIERTE INDUSTRIELLE REVOLUTION   189

Kritik an der Industrialisierung der Bauprozesse. Die Bewertung von Gebäuden nach ihrer Lebensdauer. Wissen oder Know-how – Der Bedarf für ein modernes Handwerkswesen. Zusammenfassung

DER AUTOR   205

VORWORT

von Rainer Haubrich

Mit dem Ende des 20. Jahrhunderts schwindet auch die jahrzehntelange Vorherrschaft der modernen Architektur. Neben ihren unbestrittenen Glanzleistungen stehen die unzähligen Beispiele ihres Scheiterns. Besonders der Städtebau der Moderne
hat klägliche Ergebnisse hervorgebracht. Die Großsiedlungen „befreiten" Wohnens
auf der grünen Wiese bleiben auf Jahre architektonische wie soziale Sanierungsfälle.
In den Innenstädten werden abweisende Büro- und Wohnhäuser abgerissen oder neu
verkleidet. Die Sehnsüchte der Menschen gelten der traditionellen europäischen
Stadt aus Straßen und Plätzen, gesäumt von Häusern mit detaillierten Stein- und
Putzfassaden.

Es gibt Architekten und Kritiker, die für sich in Anspruch nehmen dürfen, früher
als andere die Defizite und Widersprüche der modernen Bauproduktion erkannt und
benannt zu haben. Zu ihnen gehört Léon Krier. Mit diesem Buch legt er erstmals die
Summe seiner Erfahrungen in deutscher Sprache vor. Es ist ein Plädoyer gegen den
Fatalismus, gegen das resignative Schulterzucken, mit dem man heute die Banalisierung der gebauten Umwelt quittiert. Und es ist ein Plädoyer für die Freiheit, Alternativen zu wählen. *Als Macht des Schicksals hinnehmen! –*

Mit seinen Thesen stellt sich Léon Krier in eine Reihe mit einflußreichen
Kritikern, die in Deutschland mit einer ähnlichen Angriffslust gegen die arrogante
Selbstgewißheit moderner Stadtplaner und ihre fragwürdigen Schöpfungen an-
schrieben. Zu Beginn der sechziger Jahre machte der Berliner Publizist Wolf Jobst
Siedler mit seinem Buch *Die gemordete Stadt* den Anfang. Er stellte Photographien
aus der Gründerzeit denen der aktuellen Bauproduktion gegenüber und spielte so
die Schönheit der überlieferten Stadt gegen die Dürftigkeit der Nachkriegsmoderne
aus. Er beklagte „das Verlöschen des eigentlich Städtischen, das von Babylon bis zum
kaiserzeitlichen Berlin durchhielt und ein besonderes Wohngefühl, nämlich: das
emotionale Stadterlebnis, möglich machte". *„Zu Hause sein!"*

Wenig später erschien *Die Unwirtlichkeit unserer Städte*, eine Polemik des
Psychologen Alexander Mitscherlich. „Machen unsere Städte, so wie sie wieder-
erstanden sind, nicht depressiv?" fragte er damals, „muß das so sein, ist das unaus-

POUNDBURY, L.K., 1991. Turm und Marktplatz des Viertels Middle Farm. Erster Bauabschnitt der neuen Stadt Poundbury, gegründet von HRH, Prince of Wales, in Dorset, Südengland, begonnen im März 1994.

weichlich?" Selbst in den achtziger Jahren war das Unbehagen nicht geringer geworden. Der Architekturpublizist Wolfgang Pehnt zog unter dem Titel *Das Ende* *der Zuversicht* eine Bilanz der modernen Architektur: „Mit all seinem Aufwand an Erfindungskraft und materiellen Mitteln hat es das Jahrhundert nicht erreicht, der Welt, in der wir leben, eine menschenfreundlichere Gestalt zu geben." Doch ihnen allen war gemeinsam, daß sie kaum Alternativen benennen konnten, daß ihnen letztlich eine „bessere" Moderne vorschwebte und nicht ihr Ende.

„Es gibt kein Zurück!" lautet der Gründungsmythos der Moderne. In Wirklichkeit aber wurden wir in den letzten Jahrzehnten Zeugen eines einzigen „Zurück": zurück zur Mischung der Funktionen, zurück in die Innenstadt, zurück zum Straßenmuster, zurück zum städtischen Block. Das „Planwerk Innenstadt" des Berliner Stadtentwicklungs-Senators ist der vorläufige Höhepunkt dieser Entwicklung. Das vielgepriesene, doch früh in die Mühlsteine der Politik geratene Konzept propagiert sogar eine neue Gründerzeit mit Mietshäusern und Hinterhöfen auf kleinen Parzellen. Da ist es nur konsequent, wenn jetzt auch über die Fassaden, über das Gesicht dieser neuen, alten Stadthäuser gesprochen wird. Die Gretchenfrage lautet: Wie hältst Du's mit der klassischen Architektur?

Für die Moderne ist der Bruch mit dem klassischen Vokabular zu Beginn des Jahrhunderts folgerichtig und endgültig. Für Léon Krier war er ein Fehler und einer der Hauptgründe, warum sich die moderne Architektur von den Menschen entfremdet hat. Die Wiederbelebung dieses jahrtausendealten kulturellen Erbes ist daher sein eigentliches Anliegen.

In Deutschland galt die klassische Architektur seit ihrem Mißbrauch durch die Nationalsozialisten als belastet. Daß sie unter Stalin weitergebaut wurde, disqualifizierte sie erst recht. Über viele Jahre hielt man sich an das berühmte Verdikt des Architekturhistorikers Nikolaus Pevsner: „Was die nationalsozialistische Architektur in Deutschland angeht, so ist jedes Wort über sie zuviel." Erst in den siebziger Jahren begann eine fachliche Auseinandersetzung mit dem steinernen Erbe. 1985 lieferte Léon Krier mit einem großen Bildband über das Werk Albert Speers seinen eigenen Beitrag dazu, den ihm viele bis heute nicht verziehen haben. Und so kann man über seine Wirkung in Deutschland nicht reden, ohne auf dieses Buch zurückzukommen.

Es war nicht die erste Publikation über Speer. 1978 bereits war unter der Ägide Wolf Jobst Siedlers im Propyläen-Verlag eine Werk-Dokumentation erschienen. Eigentlich war das Krier-Buch nur eine erweiterte, noch opulentere Fassung, mit einem Essay auf französisch und englisch unter dem Titel „Eine Architektur der Sehnsucht". Beide Bände machten erstmals einem breiten Publikum zahlreiche Photos und Pläne von Albert Speers Bauten zugänglich. Im Kern versuchte Krier, die klassizistische Architektur von den Verbrechen des Nationalsozialismus zu trennen. In Proportionsstudien spürte er sogar den architektonischen Qualitäten mancher Bauten nach. Sein Essay kreiste um die zentrale Frage: „Kann ein Kriegsverbrecher" – und an dieser Wertung Speers ließ der Text nie Zweifel aufkommen – „ein großer Künstler sein?"

Das Buch war eine Provokation und als solche gedacht. Dennoch wirken manche der damaligen Reaktionen aus heutiger Sicht seltsam erhitzt. Wolfgang Schäche sprach von einem „widerwärtigen" Buch, kritisierte die ausschließlich formalästhetische Betrachtung und die feierliche Aufmachung, wie er es schon bei der früheren Publikation des Propyläen-Verlages getan hatte: „Der Schutzumschlag rezipiert schließlich vollends nationalsozialistische Buchgestaltung: schwarz (Architektur), weiß (Umschlagfarbe), rot (Albert Speer)." Offensichtlich war Schäche nicht aufgefallen, wie der eigene Band zur NS-Architektur in Berlin aussah, in dem er seine Kritik äußerte: Schwarz für die Architektur, Weiß für den Umschlag, Rot für den Titel. Nur ein Detail – oder ein Symptom?

Vielleicht waren es auch diese Reaktionen blinden Eifers, die Léon Krier damals reizten, sein Speer-Buch so schmuckvoll auszugestalten, einen streckenweise aggressiven Ton zu wählen und mit mancher Formulierung den Bogen zu überspannen. Der Essay wurde – zwei Jahre später – in der Zeitschrift *Bauwelt* auf deutsch nachgedruckt, eskortiert von einem halben Dutzend Kritikern und einer volkspädagogisch gemeinten Einleitung des damaligen Chefredakteurs Ulrich Conrads, der vor Risiken und Nebenwirkungen der Lektüre warnte. Immerhin bekam Léon Krier von Peter Neitzke bescheinigt, daß seine Argumente selbst nicht nazistisch seien.

Mittlerweile betrachtet die Forschung das Bauen im Nationalsozialismus differenzierter und hat den Blick sowohl auf stilistische Vorläufer als auch auf Kontinuitäten im Wiederaufbau nach dem Krieg gelenkt. Dabei kamen Ergebnisse zutage, die von den absichtsvoll zugespitzten Thesen Léon Kriers gar nicht so weit entfernt sind.

Aber ist man auf Experten angewiesen, um zu erkennen, daß menschenfeindliche Dimensionen oder grobschlächtige Architektur nicht nur ein Merkmal des Bauens im Nationalsozialismus waren? Manche der Monster, die sowohl die utopische Moderne wie auch die Nachkriegsarchitektur gebar, können sich darin durchaus mit den Kolossen der dreißiger Jahre messen. Daß diese auch ihre Qualitäten hatten, beweist die anhaltende Popularität von Großbauten wie dem Berliner Olympia-stadion oder dem Flughafen Tempelhof.

Für die Gegenwart aber ist ein anderer Aspekt noch wichtiger: Es scheint lange über-sehen worden zu sein, daß es nur wenige Berührungspunkte gibt zwischen Kriers Beschäftigung mit Albert Speers Werk als historischem Phänomen und seinen eige-nen Entwürfen. Selten zuvor ist dies so deutlich geworden wie im Wettbewerb um die Bebauung des neuen Regierungsviertels der Bundesrepublik im Spreebogen.

Léon Krier, der vermeintliche „Speer-Guru", entwarf – gemeinsam mit seinem Bruder Robert – ein kleinteiliges Viertel in den Proportionen der historischen Ber-liner Innenstadt, mit Straßen und Plätzen, Häuserblocks und Einzelgebäuden. Das Konzept war nicht nur geeignet für eine schrittweise Realisierung, und dabei offen für Korrekturen, es sollte – ganz pluralistisch – von verschiedenen Architekten um-gesetzt werden. Der Wettbewerbssieger Axel Schultes dagegen gibt gerne den pro-gressiven Visionär und lehnt selbstverständlich jeglichen Neoklassizismus ab. Er ist stolz darauf, mit seinem west-östlichen „Band des Bundes" noch im nachhinein die Planungen Albert Speers für eine Nord-Süd-Achse durchkreuzt zu haben. Dabei schlägt er durch die Spreewindungen selbst eine monumentale Staats-Achse, die ihm im Entwurf immerhin fast halb so lang geriet wie die Nord-Süd-Achse Speers.

Welcher der Architekten – so ist man versucht zu fragen – hat seinen Speer nun besser bewältigt? Welches Konzept ist zeitgemäßer? Gibt es einen Unterschied zwi-schen demokratischer und totalitärer Monumentalität? Oder erweist sich am Ende der regelmäßig wiederkehrende Vergleich aktueller Architektur mit Bauten des Nationalsozialismus als nicht mehr zeitgemäß?

Wenn also die klassische Architektursprache schon nicht mehr belastet erscheint, ist ihre Wiederbelebung in unserer Zeit nicht hoffnungslos anachronis-tisch, gar weltfremd? Die Realität ist, daß sie wieder gebaut wird, vor allem in den USA, in Großbritannien, aber auch in anderen Ländern Europas. Daß es dabei oft

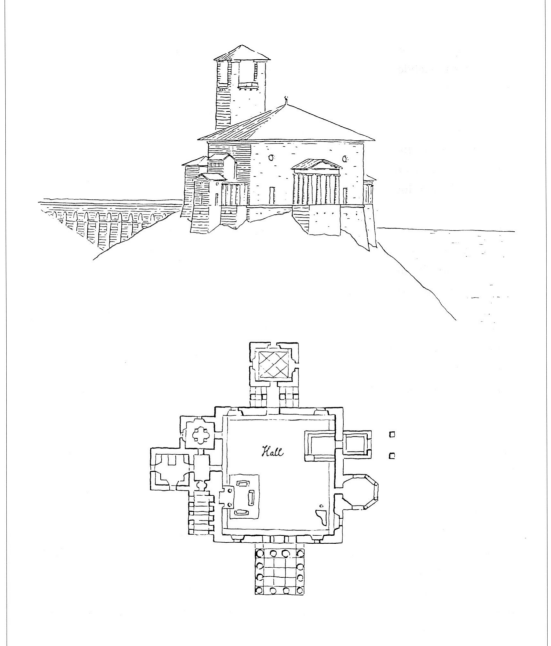

Hall

Solitude

30 IV 83   L.K.   1977-83

noch an Qualität und Sicherheit im Umgang mit dem Vokabular mangelt, kann nicht verwundern, nachdem die Überlieferung abgebrochen und aus den Lehrplänen der Architektenausbildung gestrichen wurde.

Wenn es nicht als Populismus abgetan würde, müßte man viel häufiger daran erinnern, daß auch die Rationalisten, Minimalisten, Dekonstruktivisten und High-Tech-Designer in ihrem eigenen Lebensalltag die „anachronistischen" Bauformen vorziehen und sich nicht zu häufig ihren eigenen „zeitgemäßen" Gebäuden aussetzen. Wer diese Schizophrenie eines Berufsstandes nicht wahrnimmt, ebensowenig wie die Sehnsüchte und Bedürfnisse heutiger Stadtbewohner (Architekten eingeschlossen) wer ihnen ein „emotionales Stadterlebnis" vorenthält, das er selbst möglichst oft sucht, der muß sich allerdings den Vorwurf der „Weltfremdheit" gefallen lassen, wenn nicht den der Heuchelei.

Als „Architektur-Theologie" hat Peter Eisenman einmal die Überzeugungen Léon Kriers bezeichnet. Doch dieser Vorwurf wäre genausogut an die Moderne selbst zu richten, die von Beginn an mit einem Heilsversprechen angetreten ist, einem Katechismus von Lehrmeinungen, der beispielsweise das Flachdach zur Ikone des Fortschritts erklärte (so sehr es auch durchregnen mochte) und den Rundbogen auf den Index setzte (so sehr er den „Ungläubigen" auch gefiel). Beides ist für moderne Architekten auch heute noch gültig.

Es gehört zum Wesen programmatischer Bücher wie diesem, daß sich ihre Idealwelten nicht realisieren lassen. Und es gehört zu den Eigenarten von Architekturzeichnungen, daß sich in ihnen kein ungeordnetes Leben findet, keine Antennen, keine Ampeln und Verkehrsschilder. Sie stellen die Idee des Architekten in Reinform dar.

Seine kompromißlose Haltung gegenüber Investoren oder Baubehörden konnte sich Léon Krier um den Preis bewahren, daß er viele seiner Projekte nicht in die Praxis hat umsetzen können. Gelegentlich bleibt ihm aber die Genugtuung, daß seine Ideen im Werk anderer wieder auftauchen. In Berlin ist es das neue Zentrum des Plattenbau-Bezirks Hellersdorf, wo die Architekten Brandt & Böttcher sichtbar von Kriers Entwurf des „Quartier de la Villette" von 1976 zehren. Und Kriers originelle „Insula Tegelensis" – 1980 im Rahmen der Internationalen Bauausstellung entworfen – hat unverkennbar Pate gestanden bei Hans Kollhoffs vielbeachteten Stadtvillen in Hohenschönhausen. So ist die Wirkung seiner verführerischen Zeichnungen sehr viel größer als das Vorbild tatsächlich gebauter Ensembles.

Aber auch die gibt es. Nach dem Küstenort Seaside in Florida realisiert er in Dorchester mit Unterstützung des Prince of Wales erstmals einen ganzen Ortsteil in Europa. Eine Mischung aus Neugier und vorauseilender Häme treibt immer wieder Besucher in den Südwesten Englands, um den fertigen ersten Bauabschnitt zu inspizieren. Die meisten kommen skeptisch und verlassen den Ort angenehm überrascht. Ob sich ähnliches für die Probleme der Großstadt fruchtbar machen läßt, muß sich noch erweisen.

Zwar bedient sich Léon Krier moderner Bautechnik, plant Tiefgaragen und Parkhäuser, entwirft Gebäude für die vernetzten, lautlosen Dienstleister des digitalen Zeitalters. Doch meistens zeichnet er eine Welt, in der es kleine Betriebe gibt, aber keine Großkonzerne, in der es Bürohäuser gibt, aber keine gewaltigen Bürokratien, in der es Rathaus-Türme gibt, aber keine Hochhäuser. Es ist eine Welt, die die Faszination der großen Metropolen nicht kennt.

Der britische Architekt James Stirling, an dessen Seite Léon Krier mehrere Jahre gearbeitet hat, zählte es zu den wichtigsten Aufgaben, die deutschen Städte „von den Nachkriegsschäden zu befreien, die die moderne Architektur angerichtet hat". Léon Kriers Plädoyer für eine Rückkehr zu einer im besten Sinne „konventionellen" Architektur und Stadtbaukunst gehört zum Besten, was man dabei konsultieren kann. Es ist kaum vorstellbar, daß man in Zukunft alle seine Ratschläge beherzigen wird. Erst recht aber ist es unvorstellbar, daß wir diese Aufgabe lösen, ohne daß seine Ideen dabei eine zentrale Rolle spielen.

*

* *

DIE NEUEN VIERTEL VON LA VILLETTE, PARIS, L.K., 1976.

„Atlantis" ist mir durch viele Publikationen, in den meisten Fällen unter die Augen gekommen. —

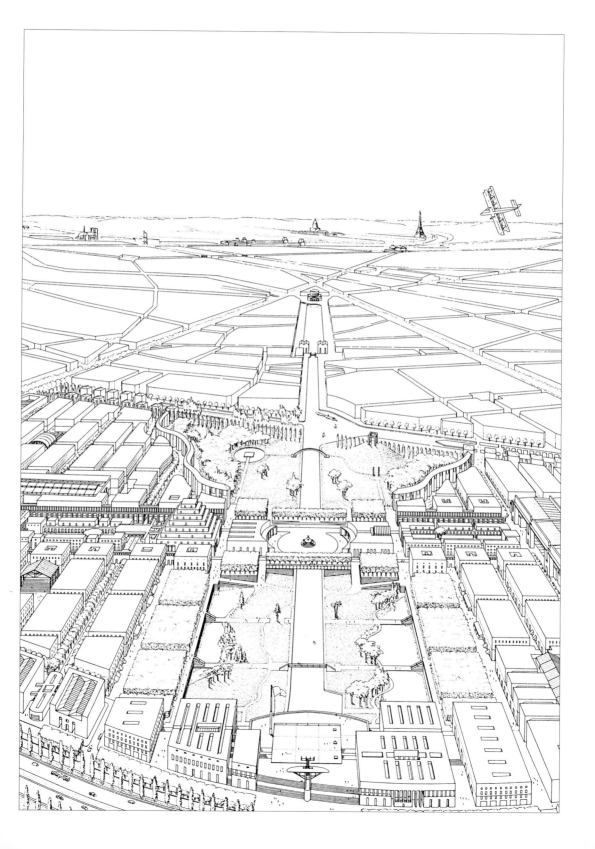

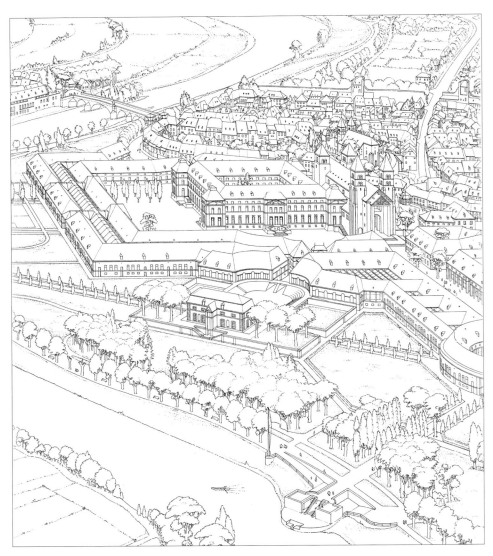

PROJEKT FÜR DIE ERWEITERUNG DES LYCÉE CLASSIQUE IN ECHTERNACH, L.K., 1970. Das historische Zentrum der luxemburgischen Stadt, 1944 zerstört durch die Runstedt-Offensive, wurde in der Rekordzeit von sechs Jahren komplett wiedererbaut. Es wurden ausschließlich traditionelle kunst-handwerkliche Methoden, Formen und Materialien verwendet. In seiner Kindheit wurde Léon Krier Augenzeuge dieses höchst populären Vorhabens und besuchte später die höhere Schule in der wie-dererbauten Abtei. Dieses Projekt entstand, während er für James Stirling arbeitete. Es zeigt erst-mals seinen radikalen Bruch mit der Moderne, eine Suche nach Alternativen und annehmbaren Formen der Modernität.

I

ASPEKTE DER MODERNITÄT

„Das Schicksal triumphiert,
wenn man ihm Glauben schenkt. "
SIMONE DE BEAUVOIR

„Schicksal ist die Entschuldigung
von schwachen Menschen. "
ROMAIN ROLLAND

1A.

EINFÜHRUNG

ZEITGENÖSSISCHE PERSPEKTIVEN

VOM POLITISCHEN PLURALISMUS
ZU ARCHITEKTONISCHER VIELFALT

DIE AUTORITÄT DES ARCHITEKTEN
IN DER DEMOKRATIE

FÜR EINE KOEXISTENZ DER DOKTRINEN

DER KATEGORISCHE IMPERATIV
DES ARCHITEKTEN

ASPEKTE DER MODERNITÄT. Modernismus ist nur eine von vielen legitimen Ausdrucksformen der Modernität. Traditionelle Architektur und Städtebau sind heute eine praktikable, d.h. eine technisch, kulturell und moralisch verfechtbare Alternative. Die Vermengung von traditionellen und modernistischen Elementen jedoch schafft einander widersprechende, kakophonische Ergebnisse. Doch ästhetisches Chaos ist kein unvermeidliches Schicksal der Demokratie. Sich widersprechende, aber in sich kohärente Lebensanschauungen und Wahlmöglichkeiten sind integrale Bestandteile der demokratischen Modernität.

*Und, alle Kunstrichtungen, musikalischen Werke, gedruckten Bücher, designeten Produkte und werbegraphischen Obszönitäten! –

19

EINFÜHRUNG

Angenommen, eines Tages verschwänden aus unerfindlichen Gründen alle Häuser, Siedlungen, Vororte und Bauwerke, die nach 1945 errichtet wurden – vornehmlich jene, die man gemeinhin als „modern" bezeichnet – vom Angesicht der Erde, würden wir ihren Verlust ernsthaft beklagen? Würde das Verschwinden vorgefertigter Turmhäuser, Massenwohnanlagen, Gewerbeparks und Ladenkomplexe, Autobahnkreuze, gerasterter Universitätsgebäude, Schulen und neuer Viertel die Identität unserer geliebten Städte und Landschaften beeinträchtigen? *Kaum.* Würden wir andererseits durch einen ähnlichen Vorfall auf einen Schlag unser gesamtes architektonisches Erbe aus der Zeit bis zum Zweiten Weltkrieg verlieren, vor allem die sogenannten „historischen" Gebäude, Weiler, Dörfer und Städte, welche Bedeutung und Folgen hätte ein solches Ereignis für uns?

In beiden Fällen handelte es sich zwar um ein etwa gleich großes Immobilienaufkommen. Doch der globale Vergleich brächte Aufschluß über die grundsätzlichen Unterschiede bezüglich ihres symbolhaften Werts, ihrer ästhetischen, zivilisatorischen und emotionalen Qualitäten, ihrer Anziehungskraft, der mit ihnen verbundenen Identifikation und Ablehnung. Hat die sogenannte „moderne" Architektur mit ihrem unersättlichen Drang nach Autonomie, der Kultivierung eines „Tabularasa"-Prinzips und Beschwörung der Notwendigkeit kultureller Brüche uns wirklich von unserer „historischen" Vergangenheit befreit? Oder hat sie uns nicht eher noch abhängiger von ihr gemacht?

Wenn wir uns die Erfahrungen der letzten fünfzig Jahre vor Augen führen, können wir dann allen Ernstes behaupten, Architektur und Städtebau unserer Zeit seien in Wert und Leistung vergleichbar mit denen vergangener Epochen? Wiewohl barocke Städte ohne die Hinterlassenschaften der Gotik auskommen und Renaissance-Städte ohne Überbleibsel aus anderen Zeiten, verhält es sich ebenso mit Ansiedlungen jüngeren Datums?

Die Bewegung der Moderne mag gerne für sich in Anspruch nehmen, der einzig angemessene Ausdruck ihrer Zeit zu sein, doch ist sie ihren erklärten Zielen gerecht geworden? Finden die außerordentlichen technischen und wissenschaftlichen Innovationen des Industriezeitalters auch eine Parallele in Architektur und Städtebau, hinsichtlich Ästhetik und Symbolwert, praktischer und ökologischer Intelligenz? *Nein!*

Werner's „Zeitgeist!" –

? Memphis + Design-Stahlbuchtürm!–

Tatsächlich handelt es sich beim Städtebau des 20. Jahrhunderts um Formen von „Vor-Stadt"-Architektur. Sie wurde zum Inbegriff der Fehlentwicklungen von Städten und ihrer Gesellschaftsformen. Doch gibt es ein Patentrezept, wie man Ansiedlungen heute bauen sollte, die uns anziehen und gefallen, in denen wir gerne leben wollen? Gibt es eine echte Wahlfreiheit in der Architektur?

ZEITGENÖSSISCHE PERSPEKTIVEN

Heftige Kritik und fast uneingeschränkte Ablehnung bestimmter Formen modernistischer Architektur erreichten 1984 einen Höhepunkt in der aufsehenerregenden Ansprache des Prince of Wales in Hampton Court. Es schien – zumindest in Europa –, als hätte das „Establishment" nach einigen oberflächlichen Korrekturen am „Produkt" und seiner Präsentation die vollständige Kontrolle über die „offizielle" Architektur zurückgewonnen. Da heute Kritik und Einwände von seiten der Öffentlichkeit bei großen Architektur- und Städtebauprojekten selten mehr als Verzögerungen bewirken können, scheint es, als habe sich allgemein Resignation breitgemacht angesichts einer weltweit dominanten Architektur. Doch fehlende Kritik bedeutet nicht notwendigerweise Zustimmung. *Gleichgültigkeit !—*

Offensichtlich harmonieren moderne Bauwerke nicht – oder nur in seltenen Fällen – mit der Architektur der historischen Städte und Landschaften: Das Palais Royal, die „Maison Carré" in Nîmes oder der Innenhof des Louvre konnten sehr gut ohne die jüngsten Eingriffe leben. Man darf sich daher mit Recht fragen, was hier wodurch zur Geltung kommt. Wären diese modernistischen Provokationen in irgendwelchen Vororten verwirklicht worden, würde kaum jemand darüber ein Wort verlieren. Während Millionen von Besuchern als schlagender Beweis für die außerge- wöhnliche Popularität dieses Vorzeige-Modernismus herhalten müssen, wird im selben Atemzug die Architektur von Port-Grimaud oder Williamsburg von gleicher Seite als politisch anrüchig angeprangert. Modernistische Architekten zu zwingen, traditionelle Fassaden in den historischen Zentren zu entwerfen, mag vielen absurd erscheinen, doch ist es nicht noch absurder zu behaupten, daß mangels spektakulärer Eingriffe den historischen Zentren Vitalität und Dynamik fehlten?

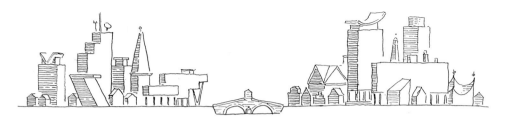

Falscher "PLURALISMUS"
* KEINE WAHLMÖGLICHKEIT *

Gegenwärtig existieren zwei Arten von Architektur. Die eine, die öffentlich und uniform ist, vertritt den Internationalen Stil und kann als arrogant, wenn nicht gar provokativ bezeichnet werden. Die andere dagegen ist privat, bezieht sich zumeist auf regionale Vorbilder und versucht, sich auf eine natürliche und harmonische Weise in ihre jeweilige Umgebung einzufügen.

Während die erste, im Blickpunkt öffentlicher Aufmerksamkeit, kontrolliert durch die Vergabe von Aufträgen und das Wettbewerbswesen, symbolhaften Ausdruck in großen Bauprojekten, Anlagen und Institutionen wie Krankenhäusern, Schulen, Kultur-, Transport- und Verwaltungsbauten findet, entspringt die zweite allein privater Initiative. Hieraus entstehen individuelle Gebäude, seit einigen Jahren auch große Freizeitanlagen, die sich in ihrer Bauweise lokalen Traditionen anpassen, sei es in Virginia, in der Provence, in Neuengland, auf den Bahamas, in Bayern oder der Toskana.

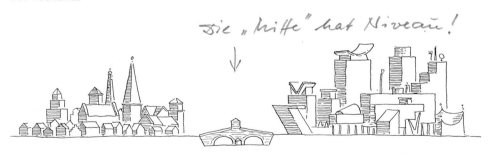

Die „Mitte" hat Niveau!

Wahre PLURALITÄT
* WAHL FREIHEIT *

Vor diesem Hintergrund können es sich die Ideologen nicht erlauben, derart überwältigende demokratische Entwicklungen weiterhin zu verleugnen und mit höhnischer Distanz zu denunzieren. Statt sich diesem gesellschaftlichen Phänomen auf intelligente Weise zu stellen, es durch Kritik und verbesserte Ausbildungsbedingungen zu fördern, beschränken sie sich auf reine Mißachtung, ungeachtet der Tatsache, daß in allen fortschrittlichen demokratischen Ländern die Architektur der Freizeiteinrichtungen und Privatbauten durch traditionelle Baukonzeptionen bestimmt wird.

Große Stadtentwicklungsprojekte wie Richmond Riverside und Poundbury in England, Port-Grimaud, Pont-Royal-en-Provence, Gassin und Plessis-Robinson in Frankreich, Sea Side, Windsor und Kentlands in den USA, Florenz-Novoli in Italien, Potsdam-Drewitz in Deutschland oder Lomas de Marbella und La Heredia in Spanien beweisen, daß sowohl umfassende moderne Infrastrukturen als auch ganze Städte nach den Grundsätzen einer traditionellen Architektur und Stadtplanung, die den Erfordernissen einer hochentwickelten Industriegesellschaft entsprechen, innerhalb vorgegebener Budgets und Fristen verwirklicht werden können. Möglicherweise sind dies die ersten Beispiele für eine Form von Modernität, die weder Entfremdung noch Kitsch oder Aggression erzeugt, sondern von einer neuen Reife und Urbanität zeugt.

VOM POLITISCHEN PLURALISMUS
ZU ARCHITEKTONISCHER VIELFALT

Freiheit der Wahl, Freiheit des Ausdruckes und Einhaltung der Gesetze sind wesentliche Prinzipien der Demokratie, die ihren ureigenen Ausdruck in einer Vielfalt von Lebensstilen und Anschauungen, aber auch architektonischen und städtebaulichen Konzepten finden. Es kann ebensowenig nur einen spezifischen demokratischen Stil geben, wie es nur eine einzige demokratische Partei geben kann.

Es ist ein Irrtum, den demokratischen Pluralismus für die chaotischen Zustände unserer Städte und Landschaften verantwortlich zu machen. Er spiegelt keinesfalls den friedlichen, wohlüberlegten und gewohnheitsmäßigen Ablauf unseres gesellschaftlichen Lebens und fördert auch nicht dessen harmonische Entwicklung.

Verschiedene Meinungen können entweder zum Konflikt führen oder in eine zivilisierte Debatte münden. Ebenso kann eine Pluralität von Architektur- und Städtebaukonzepten, statt in eine allgemeine Unordnung zu gleiten, eine Vielfalt von Städten und Dörfern hervorbringen, die sich in Ausdruck, Bauweise und Dichte unterscheiden, dabei jedoch jede für sich ihrer inneren Logik und Harmonie, also ihrer spezifischen Besonderheit folgen.

Die generelle Vermischung im „melting-pot" oder „Potpourri" ist nicht die einzig mögliche Form von Pluralismus. Man wird von Picasso nicht erwarten, daß er wie Balthus malt, oder daß sich Maillol an Zadkine orientiert. Pluralismus bedeutet nicht notwendigerweise Stilverwirrung, vielmehr Respekt vor der Unterschiedlichkeit und deren Akzeptanz.

Die Eskalation von Meinungsverschiedenheiten einerseits und die völlige Aufhebung von Widersprüchen andererseits markieren die Extreme demokratischer Haltungen. Demokratie ermöglicht das Nebeneinander unterschiedlicher Auffassungen und deren Weiterentwicklung im Rahmen der Toleranz. Auch die Existenz opponierender politischer Parteien wird als verfassungsmäßige Basis des politischen Alltags akzeptiert. Die Parteien sehen einander nicht als Erzfeinde, sondern als Vertreter des Volkes, die oft gegensätzliche Ziele verwirklichen wollen, ohne deswegen das politische System als solches in Frage zu stellen.

Es ist das einmalige Verdienst der amerikanischen Revolution, die Toleranz als Fundament der demokratischen Debatte selbst etabliert zu haben. Toleranz bedeutet nicht Aufgabe von Überzeugungen, sie bietet vielmehr eine Vielzahl politischer Optionen und im Falle unterschiedlicher Städtebau- und Architekturkonzepte die Möglichkeit, sich auf stimmige Weise ohne entwürdigenden Kompromiß zu verwirklichen. Doch heute, am Ende des 20. Jahrhunderts, scheint der Pluralismus in der Architektur gegenüber der politischen Entwicklung um Jahrzehnte hinterherzuhinken.

Selbst die Form unserer Städte kann ein Abbild freier Wahlentscheidungen werden, sie entspringt nicht notgedrungen einer schicksalhaften Bestimmung. Wer das Gegenteil behauptet, übersieht, daß das heillose Durcheinander unserer Städte nicht das Resultat eines ungezügelten Sich-gehen-Lassens ist, sondern Ergebnis verfehlter Visionen und Planungsideologien, deren tragisches Fiasko sich in der Orts- und Charakterlosigkeit unserer Vorstädte beweist.

Ein über fünfzig Jahre lang gepflegter Dogmatismus hat nicht nur ein Vakuum in Lehre und Praxis hinterlassen, sondern auch unsere Städte zugrunde gerichtet. Auf dem Gebiet der Architekturtheorie verweigern sich die neuen Dogmen der Ironie und des Dekonstruktivismus, der Abstraktion und des Ersatzes jedem vernünftigen und logischen Denken.

Aristoteles sagte, die Demokratie sei zwar keine ideale Form der Regierung, aber in jedem Fall der Tyrannei vorzuziehen. Auch in der Architektur brauchen wir eine Pluralität, die sich an der Eigenständigkeit und Toleranz moderner demokratischer Parteien orientiert, um einen Ausweg aus dem Chaos unserer Städte und der vorherrschenden Denkweise zu finden.

Wenn auch die demokratische Entwicklung im Bereich der Kultur langsamer vor sich zu gehen scheint als in der Politik, sind ihre konkreten Äußerungen auf dem Gebiet der Architektur mittlerweile zu gewichtig und vielversprechend, um weiterhin ignoriert zu werden. In der Tat kann man feststellen, daß die Verschiedenartigkeit von Architektur- und Städtebaukonzepten ein folgerichtiges Ergebnis politischer Vielfalt ist. Modernität in der Architektur bedeutet ganz einfach kein einheitliches Phänomen mehr, sondern ist charakterisiert durch verschiedenartige, teilweise widersprüchliche Konzepte. Die einzige Gewißheit, die wir in Bezug auf die Architektur von morgen haben, ist der sichere Umsturz von Einheitparteien durch die Macht der Demokratie. Dieser unvermeidliche Pluralismus führt die Städte nicht notwendigerweise ins Chaos, enthält er doch den Keim einer fundamentalen Freiheit und Wahlmöglichkeit.

*

*   *

QUARTIER DE LA GRAND HALLE, PARIS, L.K., 1979. Dieser monumentale „Tetrapylon", eine Kombination von überdachtem Platz und weiter Halle, nimmt ebenso zentralstädtische Funktionen wie Hotels und Klubs auf. Er unterscheidet sich in Maßstab und Material von den handlichen Häuserblocks, um diesem gedemütigten Viertel Kohärenz und Mitte wiederzugeben. Vor zwanzig Jahren unternahm die Stadtverwaltung energische Schritte in eine falsche Richtung; der triste Zustand dieses gescheiterten Experiments ist Zeuge dafür, daß modernistische Transplantate sogar im vitalsten Stadtgewebe Fremdkörper bleiben.

PROJEKT ZUR URBANISIERUNG VON CAPITOL HILL IN WASHINGTON, D.C., L.K., 1985. Klassische Architektur ist nicht „politisch". Sie ist nicht parteiisch, vielmehr Ausdruck und bevorzugtes Instrument der „polis", der öffentlichen Sache selbst.

DIE AUTORITÄT DES ARCHITEKTEN
IN DER DEMOKRATIE

Mit „Charisma".-

Bürgerinitiativen gegen Architekten und Stadtbauprojekte grassieren in allen demokratischen Ländern. Dort gibt es kurioserweise keine Bürgergruppen, die Einfluß auf die Entwürfe von Flugzeugen, Kühlschränken oder Zahnarztstühlen nehmen wollten. Die Autorität der Berufsstände, die ihre Versprechen einlösen, ist selten umstritten.

Tatsächlich ist die Forderung nach Mitbestimmung ein Hinweis auf das Mißtrauen des Bürgers gegen den Alleinvertretungsanspruch des Modernismus, es existiert keine Protestbewegung gegen die traditionelle Architektur. Die Architekten weisen die Verantwortung für die furchtbaren Verfehlungen der Nachkriegszeit mit dem Hinweis zurück, sie hätten das Baugeschehen nur zu einem geringen Teil beeinflussen können. Doch dabei werden zwei wesentliche Faktoren übersehen: Hätte das gesamte Bauwesen ihrer Kontrolle unterlegen, wie dies in der ehemaligen Sowjetunion und den New Towns der Fall war, wären die Auswirkungen des Modernismus noch gravierender gewesen. Zum anderen wurde auch während der großen Architekturepochen der Vergangenheit die Mehrzahl der Bauten nicht von Architekten, sondern von Handwerksmeistern oder Bauhandwerkern entworfen, deren Schaffen auf Tradition und Gewohnheit basierte. Die moralische und künstlerische Autorität der Architekten ist dort unangefochten, weil ihre Modelle sowohl von Reichen wie Armen nachgeahmt werden.

Die Autorität traditioneller Architektur, die in den demokratischen Ländern überlebt, kann nicht durch die Ignoranz der Bevölkerung, autokratisches Walten oder psychologische Manipulation erklärt werden. Es ist eine dominierende Markttendenz, die sich über Schwankungen des Geschmacks und der Mode hinwegsetzt.

Traditionelle Architekturkonzepte kennen keinen unüberwindlichen Gegensatz zwischen elitärer und gemeiner Kultur, wie dies paradoxerweise in den heutigen Demokratien der Fall ist. Geschmackliche Unterschiede betreffen allein Qualität und Ausdruck, nicht jedoch Substanz oder Form. Ist es nicht eigenartig, daß in einer Demokratie der volkstümliche Geschmack bislang generell eher Zugang zur Formensprache der Aristokratie findet als zu bestimmten Ausdrucksweisen einer liberalen Kunst?

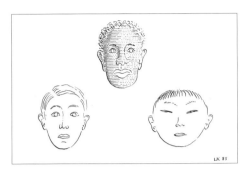

WAHRER   PLURALISMUS   FALSCHER

FÜR EINE KOEXISTENZ DER DOKTRINEN

„Anti-Architektur" oder „Anti-Kunst" bilden keine philosophische Basis, auf die
sich Glaubwürdigkeit und Autorität des Architektenberufs stützen könnten. Wenn
die Architekten willkürlich das Recht für sich in Anspruch nehmen, zu entscheiden,
was Architektur und Kunst sei oder nicht – bisweilen gegen den gesunden Menschenverstand –, kann die Öffentlichkeit ebenso legitim und abiträr deren Konzepte und
Realisierungen verwerfen. Doch verlorene Autorität löst sich nicht in Luft auf; sie
wird durch fremde Agenten in Beschlag genommen und gegen den unterlegenen
Inhaber gewendet. So wird der berufliche Alltag der Architekten zum ständigen
Rechtfertigungskampf, nicht allein wegen bürokratischer und technischer Anforde-
rungen, sondern auch wegen des sozialen Widerstandes, der sich verstärkt organi-
siert und immer deutlicher artikuliert.

    Um einen Beruf auszuüben, sollte man über eine nachvollziehbare, vernünftige
und vermittelbare Denkweise verfügen. Die Glaubwürdigkeit eines Berufstandes
basiert in erster Linie auf Wissen und „Know-how", auf Kenntnis und Kunstfertigkeit. Ohne diese Grundvoraussetzungen kann es weder Verantwortlichkeit noch
Bewertung, Ausbildung oder Autorität geben.

    Heute werden Baustellen allgemein eher als eine Bedrohung denn als etwas Viel-
versprechendes angesehen. Dies hat das verbliebene Vertrauen der Öffentlichkeit in
die Architekten und Städteplaner radikal erschüttert, wenn nicht ganz in Frage
gestellt.

Nach fünfzig Jahren Gehirnwäsche haben die Bürger vielleicht an der armseligen Umgebung ihrer Arbeitsplätze resigniert, doch wenn es um Wohnen, häusliche Umgebung, Freizeit oder Ruhestand geht, zieht eine große Mehrheit (moderne Architekten inbegriffen) eine Umgebung im traditionellen Stil vor, selbst François Mitterand, Ieoh Ming Pei, Johnny Halliday, Pierre Boulez oder Norman Foster. Diese Tatsache begründet ein Phänomen, welches man als „Öffentliches Laster, private Tugend" umschreiben könnte.

Tatsächlich müssen wir nicht nur von einer, sondern von mehreren Auffassungen des Architektenberufs sprechen. Diese Differenzierung unterstreicht die Notwendigkeit einer echten Pluralität der Doktrinen. Die vollständige Wiedererlangung ihrer Glaubwürdigkeit werden die Architekten nur durch echte Pluralität erzielen, die auf gegenseitiger Toleranz beruht.

Die Freiheit der Wahl, die in der Politik wie in der Religion existiert, kann ebenso auf der Ebene der Architektur und des Städtebaus verwirklicht werden. Die Standesorganisationen der Architekten könnten künftig aus Experten bestehen, die sich durch öffentliches Einvernehmen Architekten nennen würden, selbst wenn sie kontrastierende und widersprüchliche Standpunkte zur Architektur verteidigten. Diese Institution wäre eine Art ökumenische Kammer, deren einzelne Gremien aus Standesvertretern bestünden, die ihren klar definierten Standpunkten und Grundsätzen verpflichtet wären und ihnen entsprechend handeln und Verantwortung übernehmen müßten.

TEERHOF-BEBAUUNG AN DER WESER IN BREMEN, L.K., 1978–1980.

DER KATEGORISCHE IMPERATIV
DES ARCHITEKTEN

Der Architekt pflegt zu sagen: „Ich baue dieses oder jenes Haus, diese Stadt, diese Zentrale, diese Kaserne." Ebenso spricht der König, der General, der Handwerker. Es handelt sich jedoch nur um eine Redensart, denn nur der Handwerker und der Künstler sprechen die Wahrheit, wenn sie behaupten: „Ich habe dieses oder jenes gebaut."

Was der Architekt indes ebenso wie Staatsoberhaupt oder Unternehmer meint – wenn auch auf verschiedenen Ebenen –, ist der Einfluß auf den Entwurf, der am Anfang jeder städtebaulichen, militärischen oder tektonischen Konzeption steht; der Entwurf als maßgebliches graphisches Dokument, gleich ob es sich um eine Skizze, eine Zeichnung oder einen Stich auf Papier, Holz, Metall oder Sand handelt.

In ihrem Einfluß auf die Errichtung einer menschengerechten Welt ist die Entwurfszeichnung ein ebenso vergängliches wie unumgängliches Instrument. Ebenso wie das beschriebene Blatt hat sie an sich nur geringen Wert, all ihre Macht und Autorität beruhen in ihrem Vermögen zu beschreiben, zu suggerieren, zu lenken, Form zu geben, Objekte, Strukturen mit einem klaren Willen und einer genauen Vorstellung zu formen. Der Wert einer Zeichnung hat ähnlich dem einer Banknote symbolischen Charakter. Aus ein und demselben Tropfen Tinte können wir ein Konzentrationslager oder eine prachtvolle Stadt zeichnen. Die Handbewegung des Architekten entscheidet darüber, ob eine Gemeinschaft von Menschen angenehm in einer auf ihre Bedürfnisse zugeschnittenen Stadt lebt oder ob sie in erstickender Enge zusammengepfercht in chaotischen Verhältnissen vor sich hin vegetiert.

Zeichnen ist Machtausübung, also eine im höchsten Maße moralische Betätigung, welche Verantwortung trägt und persönliche Gewissenhaftigkeit voraussetzt, ein Gefühl für Wahrheit und Gerechtigkeit ebenso wie einen Sinn für Schönheit und Proportionen. Wie es sich mit den meisten schönen Dingen des Lebens verhält, sei es mit der Liebe, den guten Manieren, der Sprache oder der Küche, ist hier persönliche Kreativität höchst selten gefragt. Der Dichter glänzt nicht mit der Fähigkeit, neue Worte zu schaffen, sondern führt uns durch Worte, Klänge und vertraute Wendungen zu einer Wahrheit, in der wir uns wiederfinden und uns selbst kennenlernen.

Die Zeichnung erlaubt so gut wie alles; wie Schrift oder Sprache bietet sie kaum Widerstand gegenüber Exzessen und Willkür. Gebäude, deren Umriß von der Form eines Camemberts oder einer Artischocke abgeleitet werden, haben für die Architektur keinerlei Bedeutung und bereichern weder das Produkt noch die Technologie, durch die sie in oberflächlicher Weise inspiriert wurden.   *100 x geäussert!–*

Zieht man den Kategorischen Imperativ von Immanuel Kant heran – „Handle nur nach derjenigen Maxime, durch die Du zugleich wollen kannst, daß sie ein allgemeines Gesetz werde!" –, so müßte sich der Architekt folgende Frage stellen: „Was wären die Konsequenzen, wenn die Maxime meines Projektes ein allgemeines Prinzip der Architektur und des Städtebaus würde?"

Baut also in einer Weise, daß ihr selbst und jene, die euch lieb sind, zu jeder Zeit mit Freude eure Gebäude benutzen, in ihnen wohnen und arbeiten, ihre Freizeit verbringen und in ihnen alt werden können.   *Exzellent formuliert!*

LÉON und ROBERT KRIER, JUSTIZPALAST IN LUXEMBURG, 1991–1995.

2. ✳ 45 Jahre, jeden Tag,–
„ Persönliche Gewissenhaftigkeit!"–
M. N. P.

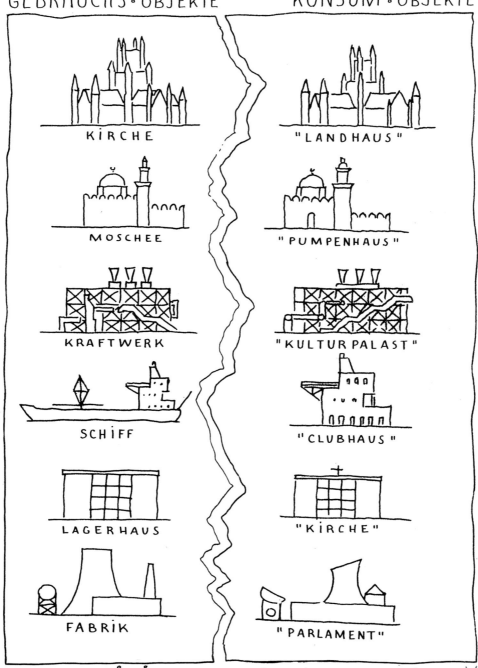

~TYPEN · BAU · ~PARODIEN

GEBRAUCHS·OBJEKTE   KONSUM·OBJEKTE

KIRCHE   "LANDHAUS"

MOSCHEE   "PUMPENHAUS"

KRAFTWERK   "KULTURPALAST"

SCHIFF   "CLUBHAUS"

LAGERHAUS   "KIRCHE"

FABRIK   "PARLAMENT"

TRADITION   HISTORISMUS · MODERNISMUS

FORM = INHALT   FORM GEGEN INHALT

II

DIE NATUR
DES
ARCHITEKTONISCHEN
OBJEKTS

RES PUBLICA – RES PRIVATA

BENENNBARE UND SOGENANNTE OBJEKTE

NAME UND SCHIMPFNAME

FALSCHE UND WAHRE DENKMÄLER

TECHNOLOGIE UND
ARCHITEKTONISCHER AUSDRUCK

KLÄRUNG EINIGER BEGRIFFE
Modernität, Modernismus, Tradition
Typologie, Typus, Komposition
Erfindung, Innovation, Entdeckung, Originalität
Traditionelle Architektur:
✳ Vernakuläres Bauen und Klassische Architektur
Region und Stil

 ✳ Beschleunigtes Bauen +

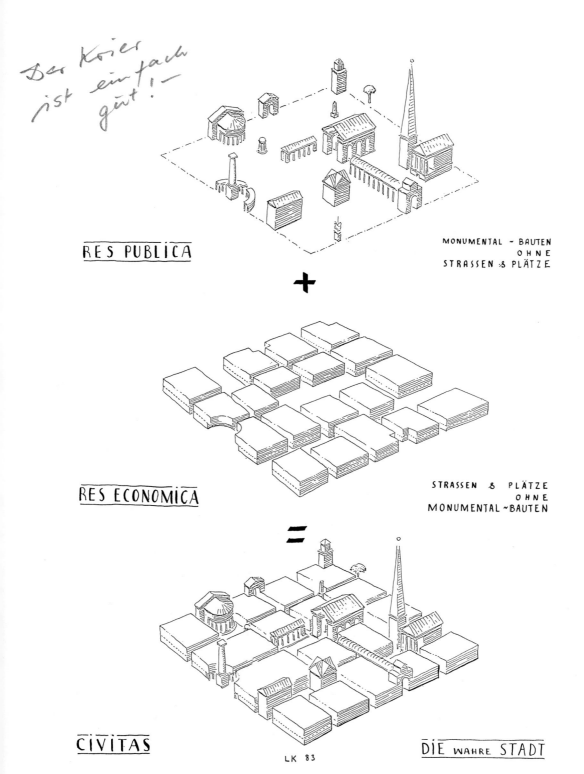

Der Koier
ist einfach
gut!—

RES PUBLICA

MONUMENTAL – BAUTEN
OHNE
STRASSEN & PLÄTZE

+

RES ECONOMICA

STRASSEN & PLÄTZE
OHNE
MONUMENTAL ~ BAUTEN

=

CIVITAS

DIE WAHRE STADT

LK 83

RES PUBLICA – RES PRIVATA

Die gesamte traditionelle Architektur macht einen fundamentalen Unterschied zwischen öffentlichen und sakralen Gebäuden einerseits und Nutz- oder Privatbauten andererseits. Erstere verkörpern die Qualitäten von Institutionen: Würde, Feierlichkeit, Größe bei der *res publica* und *res sacra*, letztere den bescheideneren Rang privater Aktivitäten, wie Wohnen, Handel und Industrie, bei der *res privata* und der *res economica*. Wenn jedoch Fabriken Fassaden wie Kathedralen haben und Wohnhäuser sich den Anschein von Palästen geben, wenn Museen an Fabriken erinnern und Kirchen an industrielle Lagerhallen, dann sind unsere fundamentalen gemeinschaftlichen Werte in der Krise, dann ist die Natur des architektonischen Objekts selbst in tödlicher Auflösung begriffen. Doch worin besteht eigentlich seine Eigenheit?

BENENNBARE UND SOGENANNTE OBJEKTE

Ob es sich nun um einen kultischen Ort handelt, eine Telefonkabine oder eine Gartenmauer, jedes Gebäude spiegelt die fundamentalen Werte seines Erbauers und Erfinders. Es ist ein Symbol unserer geistigen Verfassung und unseres Selbstwertgefühls. Symbole sind jedoch nicht nur Mittel des Ausdrucks oder der Spiegelung, sie sind auch wichtige Werkzeuge, um gemeinschaftliche Werte zu realisieren, zu unterstreichen und zu stützen. Wenn sich ein Mensch in Lumpen hüllt, so leidet sein Selbstbewußtsein ebenso darunter wie das Vertrauen der anderen in ihn.

Es ist unmöglich, völlig von der Welt isolierte Gebäude zu konzipieren. Was auch immer ihr Maß sein mag, Bauwerke wirken immer auf ihre Umgebung. Sie sollten deswegen als Teile eines Ganzen gesehen werden. Gebäude sind niemals neutral; sie üben entweder einen guten oder einen schlechten Einfluß aus. Sie sind aktiv.

Der Mensch kann lediglich Fußnoten zu dem universellen Plan beitragen, nach dem wir erschaffen werden, der unser Wesen bestimmt und unermüdlich das Universum rekonstruiert. Städte und einzelne Bauwerke sind nichts anderes als unvollkommene Realisationen dieses Beitrags. Die Stadt, die Straße, der Platz, der Tempel, der Palast, das Haus, die Flugzeughalle, das Gewächshaus, der Turm, das Atrium, das Gewölbe, die Säule, das Gebälk, der Fries, das Dach, die Tür, das Fenster sind Erfindungen des menschlichen Genius, die das typologische Inventar der Natur erweitern und bereichern. Eben diese architektonischen Objekte, Bezeichnungen und Ideen sind es, die die einzigartige Welt des Menschen ausmachen. Nach Hannah Arendt ist es ihr künstliches Wesen (*arte factum*), das sie erst menschlich macht.

Im Prinzip ist die Vorstellung einer neuen, „menschenmöglichen" Welt ebenso begrenzt wie die Welt selbst. Die Typologie der Architektur ist nicht endlos erweiterbar. Selbst die sogenannten architektonischen Innovationen unseres Jahrhunderts sind genaugenommen keine wirklichen Neuerungen, sondern Übertragungen von Ideen aus anderen Fachgebieten; sie können weder das spezifische Vokabular oder die Technologie noch die Natur des architektonischen Objektes selbst erweitern oder gar revolutionieren. Durch Unangemessenheit verlieren sie häufig sogar ihr instrumentelles wie expressives Potential. Sie schaffen eine Welt von sogenannten Objekten, verfehlten Lösungen, ungeeigneten, oft feindseligen Werkzeugen, Gebäuden, die das Aussehen von Flugzeugen, Passagierschiffen, Zügen und Containern annehmen. Anstatt die Welt zu bereichern, bringen sie sie in Unordnung.

Die Unfähigkeit zu wirklicher Innovation, die Sterilität dieser angeblich so innovativen Ideologie drückt sich auch in der Verwirrung der Begriffe aus, insbesondere in ihrer Terminologie. Die Garten-Stadt ist weder Stadt noch Garten, die Büro-Landschaft weder Büro noch Landschaft, die Vorhangfassade weder Vorhang noch Fassade, der Mehrzwecksaal kein wirklicher Ersatz für Kirche, Theater oder Turnhalle. Das gleiche gilt für das Musikalische Fenster, den Industriepark, den Empfangsbereich, die Wohnmaschine, die Satellitenstadt, den Grüngürtel, den Freiraum etc.

Dieses „Anti-Glossar" als Ausdruck und Werkzeug einer „sogenannten" „abstrakten Realität" beweist, daß konkrete urbane Realität das Produkt zivilisatorischer Intelligenz sein muß, denn sie ist nicht das automatische Ergebnis reiner Bauwut. Eine Industrie, die seelenlose Landschaften und Orte schafft, eine „irreale" Realität und abstrakte Objekte, kann daher nur eine vorübergehende Erscheinung sein.

Genauso wie die Natur ist das typologische Inventar architektonischer Objekte notwendigerweise begrenzt, dieses kann nicht endlos erweitert oder neu erfunden werden. Typologie, Technik und Terminologie repräsentieren eine Art Urschöpfung, die an erfinderischer Kraft sogar die Entdeckung des Feuers und des Rades übertrifft, da der Mensch für die Architektur kein Vorbild in der Natur fand, sondern lediglich Hinweise und Analogien.

NAME UND SCHIMPFNAME

„In der Symbolsprache gibt es keine Mißverständnisse, letztere entstehen nur bei diskursivem Denken."

ALEXIS PONTVICK

Verfehlungen in Maßstab, Proportionen, Größe, Form, Inhalt, Stil, Typus und Charakter werden in der Öffentlichkeit meist spontan mit einem passenden Spitznamen abqualifiziert. In der modernistischen Architektur gibt es dafür Beispiele im Überfluß: „Schwangere Auster" für den Kongreßpalast in Berlin, „Irrenhaus" für die Unité von Le Corbusier in Marseille, „Wäschetrockner" für das Architekturmuseum in Rotterdam, „Stiefel" für den Wolkenkratzer in Euralille, „Garage" für das Queens College in Oxford, „Raffinerie" für das Centre Beaubourg in Paris, „Heizkörper" für das UNO-Gebäude in New York, „Bunker" für das Festspielhaus in Cannes etc.

Diese Spitznamen weisen nicht etwa auf mangelndes Verständnis seitens der Öffentlichkeit hin, vielmehr auf ein untrügliches Gespür und feines Urteilsvermögen. Mit der „babylonischen" Aufhebung von Form und Bedeutung stellen sie die wahre Beziehung zwischen Bezeichnung und bezeichnetem Objekt wieder her und bringen Klarheit dorthin, wo intellektuelle Verwirrung oder künstlerische Anmaßung zeitweise für Verdunklung sorgten. Der Spitzname ist endgültig und die

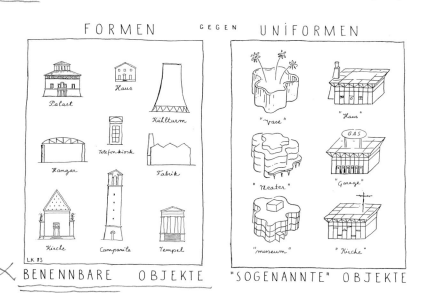

verheerendste Kritik, die ein Bauwerk heimsuchen kann, denn er irrt niemals. Er verkörpert sozusagen die Rache der Sprache im allgemeinen und die des Begriffs im besonderen. Der Spitzname ist der korrekte Terminus für das Kitschobjekt. Die klassischen Monumente dagegen werden kaum mit Spitznamen verspottet, sondern nach ihrer Bezeichnung oder Funktion benannt: die Kathedrale, das Rathaus, das Schloß, der Kühlturm etc.

Die Einheit von Symbol und Bedeutung, Form und Inhalt, Typus und Funktion, Stil und Rang ist nicht das Ergebnis einer vorübergehenden Vereinbarung, sondern beruht auf einer definitiven Übereinkunft. In der Architektur kann eine solche Konvention nicht existieren oder Bestand haben, wenn Erscheinung und Funktion eines Gebäudes nicht in einer klaren, wahrhaften Beziehung zueinander stehen. Eine Konvention kann laut Definition nicht gewaltsam zustandekommen. Genau das ist es jedoch, was der Modernismus praktiziert, wenn er regelmäßig die Kaffeekanne mit der Weinflasche verwechselt und damit effektiv riskiert, die Flasche zum Platzen zu bringen oder aber sich die Hände zu verbrennen.

Formale Willkür und „Uni-Form" sind zwei verschiedene Arten, die Wertigkeit von Formen aufzuheben. Doch willkürliche Uniformität und uniforme Willkür sind symmetrische Phänomene. Die weltverarmende Uniformität und die uniformisierende Armut der Massentypologien bedingen einander.

WILLKÜRLICHE   UNIFORMITÄT

gefälschte Uniformität ▪ HARD-CORE Kitsch

KIRCHE   THEATER   WOHNBAU   UNIVERSITÄT

gefälschte Komplexität ▪ SOFT-CORE Kitsch =   LK 92

UNIFORME   WILLKÜR

FALSCHE UND WAHRE DENKMÄLER

Wolkenkratzer und „Landkratzer" sind falsche Denkmäler, sozusagen monumentale Fälschungen, die utilitär-private Nutzungen hinter einer bombastischen Pose verbergen. Sie haben weder urbanen noch zivilen Symbol-, sondern lediglich Reklamewert. Es sind horizontale und vertikale Überkonzentrationen mit reiner Nutzfunktion, unter einem Dach vereint. Die tatsächliche „innere Größe" dieser „Trugmäler" entlarvt sich denn auch bei ihren bedrückend geringen Deckenhöhen und Zimmergrößen. Ihre symbolische Nacktheit schimmert durch die dürftigen Vorhangfassaden hindurch. Ihre eklatanten Massen jedoch übertrumpfen und entwürdigen das symbolische Gewicht und die monumentale Wirkung echter Denkmäler.

Markthallen, profane und sakrale Paläste, Arenen, Tempel, Theater, Bibliotheken, Kirchen, Glockentürme, Springbrunnen, Thermen, Denkmäler, Bahnhöfe und Brücken sind öffentliche Elemente mit echtem Symbolcharakter. Daher sollten sie bevorzugt und ausschließlich Objekte monumentaler Architektur sein. Plätze und Stadtsilhouette sind ihr unantastbares Reich und heiliges Protektorat.

Unabhängig von seinem architektonischen Anspruch wird ein Supermarkt niemals einen bedeutenden Symbolwert erlangen, ob er nun eine kommerzielle, nautische oder dekonstruktivistische Hülle trägt. Wenn er in einem Gewerbegebiet liegt, hindert ihn schon seine Funktion daran, mehr als kommerzielle Bedeutung zu erreichen. Umgekehrt werden Bedeutung und Schönheit eines Monumentalbaus seine Umwandlung in reine Wohn-, Gewerbe-, Geschäfts- oder Freizeitnutzung nicht überstehen. Selbst eine Hyperkonzentration reiner Nutzfunktion kann keine echte Monumentalität erzeugen, ebensowenig wie eine monumentale Anhäufung privater Wohneinheiten (ob öffentlich finanziert oder nicht) einen wirklichen Öffentlichkeitsstatus ermöglicht.

Egal, wie massiv ihre Dichte auch sein mag, eine utilitäre Funktion kann nicht das adäquate typologische Material zur Verfügung stellen, um ein Werk von monumentaler Bedeutung zu schaffen. Die monumentale Anmaßung und leere Rhetorik eines Karl-Marx-Hofes in Wien oder grelle zeitgenössische Experimente enthüllen oft auf peinliche Weise ihre reine Wohnbestimmung. Andererseits wird eine öffentliche Halle von immensen Ausmaßen, doch ohne angemessene Höhe, niemals zum richtigen Denkmal von öffentlicher Signifikanz.

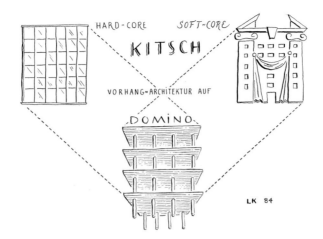

TECHNOLOGIE UND
ARCHITEKTONISCHER AUSDRUCK

Der größte Widerspruch, der heute die Architektur zerreißt, besteht nicht zwischen Tradition und Moderne, sondern zwischen einer traditionellen, authentischen Kultur und ihrer bloßen Karikatur. Nahezu weltweit hat die Bauindustrie folgende Grundsätze aufgegeben:

a) die Bauweise mit tragenden Wänden zugunsten einer Trennung von tragender Struktur und äußerer Hülle;

b) natürliche Baumaterialien zugunsten künstlichen Ersatzes.

Die Reduzierung der Außenmauern auf eine bloße Hülle, die permanenten differenzierten, thermisch bedingten Bewegungen zwischen Skelett und Außenhaut und schließlich der Austausch natürlicher Baustoffe gegen Materialien niederer Qualität haben zur Folge, daß nicht nur modernistische, sondern auch traditionell anmutende Gebäude zu Objekten von extremer Fragilität und Anfälligkeit sowie sehr begrenzter Lebensdauer geworden sind, deren Unterhaltung hohe Kosten verursacht. Sie verwandeln auch Gebäude mit traditionellem Aussehen in authentische Fälschungen, deren Resultat fast unvermeidlich postmoderner oder traditionalistischer Kitsch ist.

Hier ergibt sich also ein ontologischer Bruch zwischen Schein und Wirklichkeit. Die typologische, morphologische und tektonische Tiefe traditioneller Architektur wird durch ein „traditionalistisches" Image ersetzt. Doch traditionelle Bautechnik und natürliche Baustoffe sind unverzichtbar, wenn es um strukturelle, architektonische und ästhetische Integrität geht. Die geringfügig höheren Anfangsinvestitionen werden schnell wettgemacht durch Langlebigkeit, niedrigere Unterhaltungskosten, kurz: ein schönes, in jeder Hinsicht besseres Gebäude.

Nach Jahren falscher Versprechungen und verfehlter Experimente läßt uns die kritische Lage der Vororte keine andere Wahl, als nach Lösungen zu suchen, die sowohl praktisch als auch ästhetisch sind. Dem steht jedoch augenscheinlich eine modernistische Befangenheit voll ideologischer und psychologischer Hemmungen entgegen, die dazu führen, daß traditionelle Architektur ignoriert, bekämpft und in Mißkredit gebracht wird.

Es besteht eine direkte Verbindung zwischen dem Chaos unserer Städte und der Sprache ihrer Planer. Mangelnde Klarheit des Vokabulars, das Vermischen von Fachbegriffen und die Verbreitung eines pretentiösen und hohlen Fachjargons stehen einem klaren Architektur- und Umweltdenken im Wege. Die hier benützte Terminologie ist manchmal selbst Grund für Mißverständnisse. Daher möchte ich im folgenden einige wesentliche Konzepte und Begriffe erklären.

SCHULE IN SAINT-QUENTIN-EN-YVELINES, L.K., 1977–1979. Der öffentliche Platz entsteht durch Aufteilung des ausschweifenden Raumprogramms in seine Grundelemente. Blick vom Portikus zu den Restaurants (links) und der Versammlungshalle (rechts).

SPORTHALLE   BELVEDERE   RESTAURANTS   SPIELHALLE

KLÄRUNG EINIGER BEGRIFFE

Modernität, Modernismus, Tradition

Wenn Künstler, Kritiker, Historiker oder die Öffentlichkeit heute von der „modernen Bewegung" sprechen, so meinen sie in Wirklichkeit eine modernistische Bewegung. Die Begriffe „modern" und „modernistisch" werden regelmäßig verwechselt. Ersterer hat eine chronologische Bedeutung und bezieht sich auf eine Zeit, eine zeitgenössische Periode, letzterer ist eine ideologische Bezeichnung.

Die Verwirrung rührt her vom Anspruch des Modernismus, in der „modernen Bewegung" die einzig legitime Form von Modernität verkörpert zu haben. In der Tat sind „Modernismus" und „Modernität" nicht identisch. Sie werden aufgrund ihres gleichen Wortstamms, meist jedoch aus ideologischen Motiven oft durcheinandergebracht.

„Tradition" und „Modernität" oder das „Traditionelle" und das „Moderne" sind keine gegensätzlichen Begriffe: traditionelle (handwerkliche) Kultur schafft langlebige Gebrauchsgegenstände; die modernistische (industrielle) Kultur neigt dazu, Konsumobjekte von kurzer Dauer zu produzieren.

SCHULE IN SAINT-QUENTIN-EN-YVELINES, L.K., 1977–1979. Anstelle eines einzelnen riesigen Gebäudes mit einer einzigen Tür verteilt sich diese Schule über fünfzehn unabhängige Gebäude, um so das übliche Schema labyrinthischer Korridore zu vermeiden. Die Gebäude bilden ein Netz von öffentlichen Straßen, Alleen und Plätzen, die sich mit den umgehenden Straßen und Spazierwegen in die benachbarten Parks verbinden.

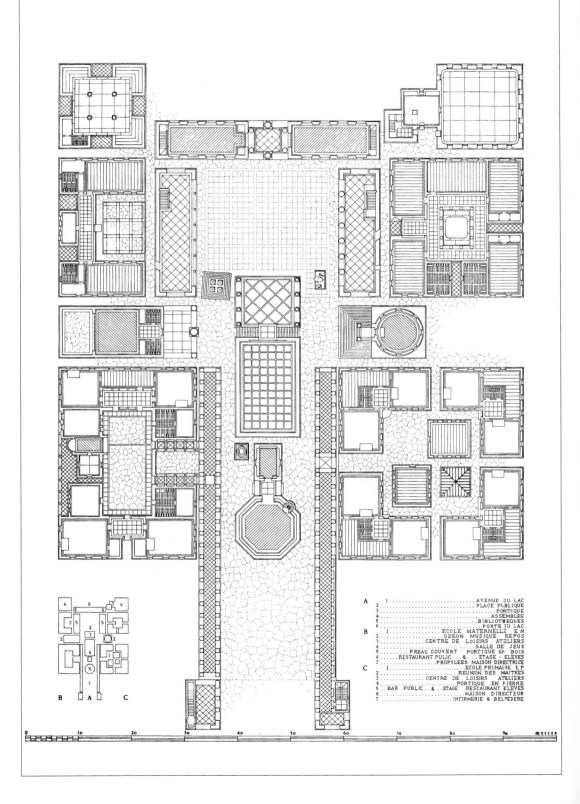

A 1 .... AVENUE DU LAC
  2 .... PLACE PUBLIQUE
  3 .... PORTIQUE
  4 .... ASSEMBLEE
  5 .... BIBLIOTHEQUES
  6 .... PORTE DU LAC
B 1 .... ECOLE MATERNELLE E M
  2 .... ODEON MUSIQUE REPOS
  3 .... CENTRE DE LOISIRS ATELIERS
  4 .... SALLE DE JEUX
  5 .... PREAU COUVERT PORTIQUE EN BOIS
  6 .... RESTAURANT PULIC .. & .. ETAGE - ELEVES
  7 .... PROPYLEES MAISON DIRECTRICE
C 1 .... ECOLE PRIMAIRE E P
  2 .... REUNION DES MAITRES
  3 .... CENTRE DE LOISIRS ATELIERS
  4 .... PORTIQUE EN PIERRE
  5 .... BAR PUBLIC .. & .. ETAGE RESTAURANT ELEVES
  6 .... MAISON DIRECTEUR
  7 .... INFIRMERIE & BELVEDERE

0   10   20   30   40   50   60   70   80   9o   metres

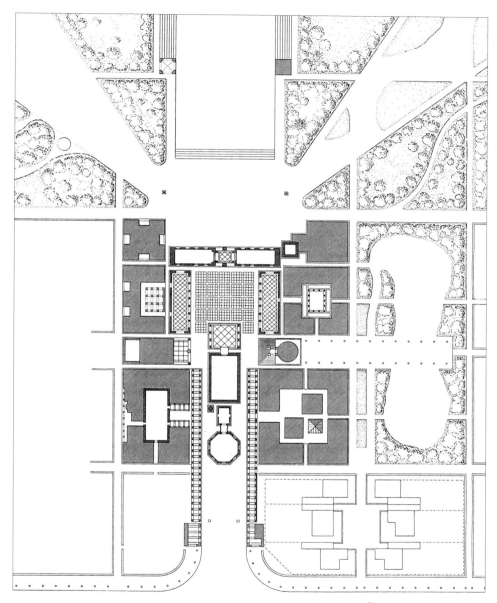

SCHULE IN SAINT-QUENTIN-EN-YVELINES, L.K., 1977–1979. Klassen- und Übungsräume bilden die Häuserblocks dieser kleinen Schulstadt. In Kontrast zu diesen unauffälligen Gebäuden heben sich solche mit wichtigeren Gemeinschaftsfunktionen durch größere Volumina und Deckenhöhen sowie reichere architektonische Ausdrucksmittel hervor: die Bibliothek, der Versammlungssaal, das Belvedere, das Odeon (Musikhalle), Restaurants und Sporthalle.

Typologie, Typus, Komposition

Unter Typologie versteht man die Klassifikation von Gebäuden nach Typen. Ein Typus ist dabei das organisatorische Schema eines Gebäudes in Grundriß und Schnitt. Er entwickelt sich solange weiter, bis er seine grundlegende, also seine rationelle und logische Form erreicht hat. Der Grad an Komplexität, den ein traditioneller Typus annimmt, korrespondiert mit der Komplexität seiner Funktionen.

Typologische Komplexität ist weder ein Ziel an sich noch ein Spiel, sondern Ausdruck einer funktionalen Hierarchie. Bei sämtlichen Architekturkompositionen konstituieren einfache Räume und Volumina die Gebäudeblocks, egal, wie komplex das endgültige Ergebnis auch aussehen mag. Die Ausformung der äußeren Volumina sollte dabei in logischer Form den inneren Räumen entsprechen. In jedem Fall sollte die Gesamtkomposition in einer einfachen, kohärenten Realisation einer typologischen Organisation bestehen, sei sie symmetrisch oder asymmetrisch gefügt. Uniformität und Komplexität, Regelmäßigkeit oder Unregelmäßigkeit müssen jeweils auf einer typologischen Ordnung beruhen. Ohne typologische Disziplin verkommt jede Architekturkomposition zu willkürlicher Spielerei; sie führt dann entweder zu kleinlichen oder kolossalen Chimären.

Ein Gebäudetypus steht Pate für eine unendliche Zahl von originalen Realisationen. Einfache Benennung, Wiedererkennbarkeit sowie eine unkomplizierte Benutzung sind notwendige Voraussetzungen, um eine typologische Konvention zu begründen.

Selbst in einem schnellebigen Zeitalter scheint die Kristallisation neuer Gebäudetypen extrem langsam und mühsam vor sich zu gehen, trotz des massiven Drucks neuer Gebrauchstypen. So unterstreicht etwa die Tatsache, daß Flughafengebäude sich überall in einem permanenten Umbauprozeß befinden, daß hier Hülle und Funktion ihren adäquaten Typus noch nicht gefunden haben. Dagegen entdeckt man nach vierzig Jahren erfolgloser Experimente bei Einkaufszentren den Typ der überdachten Galerie wieder, der weiträumig Anwendung in den Ladenpassagen des 19. Jahrhunderts fand. Dieser Typus, der sich aus dem orientalischen Basar entwickelte, hat einen direkten Vorgänger in der römischen Basilika.

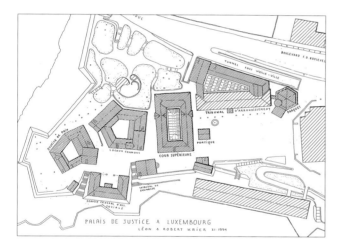

LÉON und ROBERT KRIER, NEUER JUSTIZPALAST IN LUXEMBURG, 1991–1995. Auf einer weithin sichtbaren, akropolisähnlichen Anhöhe gelegen, setzt sich diese „Stadt der Justiz" aus acht einzelnen Gebäuden zusammen, von denen jedes eine eigenständige Abteilung aufnimmt und repräsentiert. Bezirksgericht und Staatsanwaltschaft, Oberster Gerichtshof und Friedensgericht, soziale Einrichtungen, Jugendgericht und „Turm der Winde" werden jeweils durch einen zentralen Innenhof erschlossen. Jedes der Gebäude ist aufgrund seines individuellen Charakters sofort zu erkennen und zu benennen, sein architektonischer Ausdruck reflektiert den eigenen hierarchischen und symbolischen Rang. Die einzelnen Bauten werden durch öffentliche Straßen, Plätze und Wege getrennt.

ein großes Bauvorhaben wird nicht mehr als ein einziger Riesenbau, unter einem Dach und mit einem einzigen Eingang konzipiert,

VERSCHIEDENE ARTEN
VON
MONSTERN

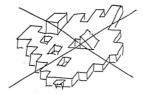

AUTORITÄRER STIL

DEMOKRATISCHER STIL

Solch ein Großvorhaben kann wie eine Stadt, Dorf oder Weiler konzipiert werden, mit unabhängigen und separaten, nach Funktion, Typ und Bedeutung artikulierten Bauten;

EINE STADT	ist kein	GROSSES GEBÄUDE
EIN GEBÄUDE	ist keine	KLEINE STADT
EINE GROSSE BAUAUFGABE	ist kein	EINZELNES GEBÄUDE
EINE STADT	kann nicht aus	FLUREN
	bestehen oder klimatisierten	ATRIEN

EINE STADT
besteht aus
STRASSEN und PLÄTZEN,
BAUBLÖCKEN und MONUMENTEN

REKONSTRUKTION DER VILLA LAURENTUM VON PLINIUS D.J., PROJEKT, L.K., 1981. Eine Reihe von Archäologen und Architekten wurden auf Anregung von Maurice Culot vom Institut Français d'Architecture beauftragt, Vorschläge für die Rekonstruktion einer Plinius-Villa zu unterbreiten, um nach Jahren der Vernachlässigung wieder Vorstellungskraft und Fantasie ins Zentrum der archäologischen Arbeit zu rücken. Allein die hier vorgeführte pavillonartige Auflösung des Raumprogramms erlaubt es, die in der Beschreibung von Plinius erhaltenen scheinbaren Widersprüche reibungslos zu lösen.

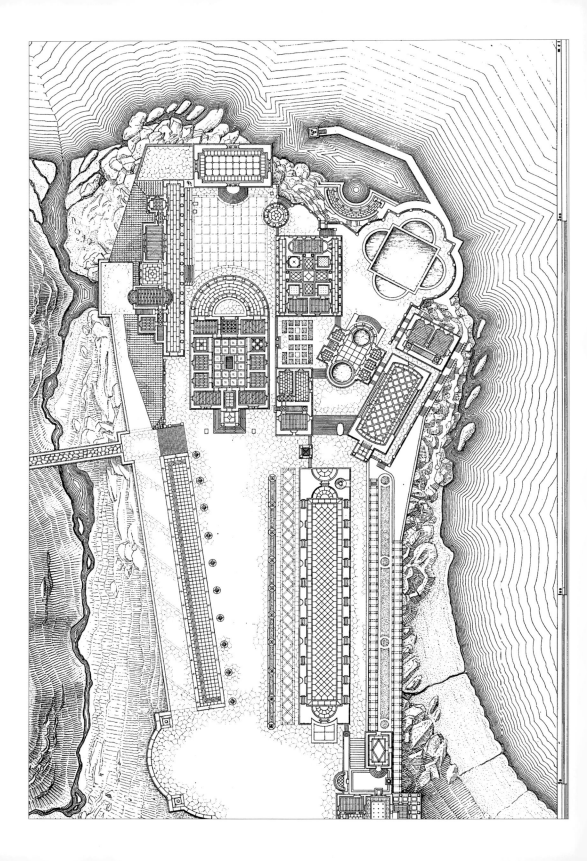

VILLA LAURENTUM, L.K., 1981. Die Alten waren keine Erbauer von Ruinen. Archäologie ohne Rekonstruktionswillen verkommt zu Nekrophilie und Fetischmus. Ruinenkult ist keine Errungenschaft und hat keinerlei kulturelle Verdienste. Er bedeutet eher eine Geringschätzung der Alten. Ruinenkult zelebriert lediglich den Niedergang der Vorstellungskraft.

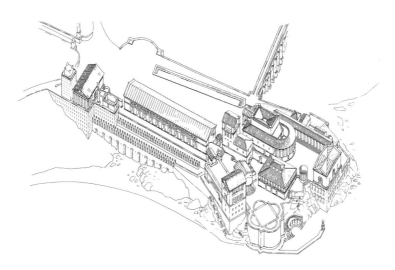

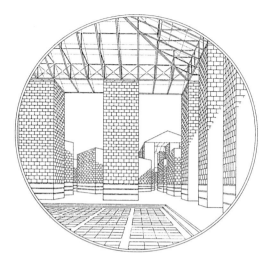

ROMA INTERROTTA, L.K., 1977. Dieser neue Gebäudetypus ist sowohl öffentliches Gebäude wie öffentlicher Platz. Die Pylonen tragen ein Dach von großer Spannweite und beeindruckender Höhe. Dieses überspannt einen Platz, der für öffentliche Einrichtungen wie Versammlungsräume, Cafés, Klubs, Werkstätten, Konferenzräume etc. vorgesehen ist. Dieser Bautyp fungiert als Motor von urbaner Zentralität und markiert in gleichem Maße den Plan wie die Silhouette der Stadt.

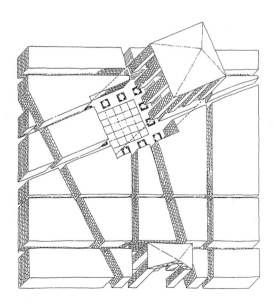

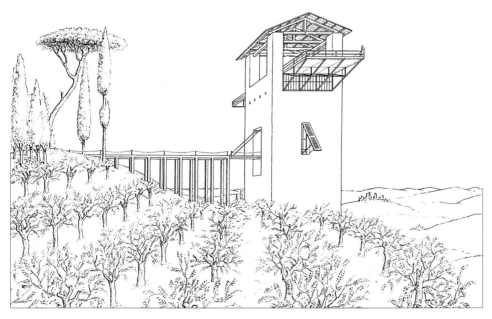

TURMHAUS IN BAGNANO, TOSKANA, L.K., 1974. Dieses Turmhaus wird von einem Künstleratelier bekrönt. Die großen Balkone sind sowohl Arbeitsdecks wie Sonnenschutz für die darunterliegenden Atelierräume.

Auf der anderen Seite sind die großen Bahnhöfe des 19. Jahrhunderts in ihrem Typus praktisch unverändert geblieben, trotz der rasanten Entwicklung der Züge und deren immer größerer Leistungsfähigkeit. In diesem Fall erreichten funktionales Schema, konstruktive Struktur und architektonischer Ausdruck ganz offensichtlich auf Anhieb eine typologische Reife, die scheinbar mühelos ein Jahrhundert funktionaler Anpassungen überlebte. Die typologische Innovation fand hier sofort ihre Synthese in einer klassischen Form, die zu Dauer fähig war.

Erfindung, Innovation, Entdeckung, Originalität

In abweichenden Philosophien unterscheiden sich die Konzepte von Erfindung, Innovation und Entdeckung jeweils hinsichtlich Bedeutung und Stellenwert. In traditionellen Kulturen etwa dienen sie dazu, praktische und bewährte Systeme des Denkens, Planens, Bauens, Repräsentierens und Kommunizierens im Bereich von Kunst, Philosophie, Architektur, Sprache, Wissenschaft, Industrie und Landwirtschaft zu modernisieren. Sie sind letztlich zweckdienliche Mittel. Ihr Ziel ist eine menschenwürdige, solide, dauerhafte, komfortable und schöne Welt. Fundamentale ästhetische und ethische Prinzipien werden dabei als Träger objektiver und universeller Werte angesehen, die Raum und Zeit, Klima und Zivilisation transzendieren. Industrielle Methoden und Logik spielen eine hierarchisch untergeordnete Rolle.

In modernistischen Kulturen dagegen haben Erfindung, Innovation und Entdeckung ihren Zweck in sich selbst. Es wird dabei behauptet, daß ständige Veränderungen der sozio-ökonomischen und politischen Bedingungen notwendigerweise alle Konzepte in Frage stellen. Es gibt keine verbindlichen ethischen und objektiv universellen ästhetischen Kategorien mehr, infolgedessen werden traditionelle Werte als Hindernisse für Vitalität, Freiheit und Fortschritt betrachtet. In diesen Kulturen beherrschen industrielle Methoden und Logik alle Aspekte des Lebens: Verwaltung und Politik, Warenproduktion und Kultur.

Für traditionelle Kulturen ist Imitation ein Mittel, Gegenstände herzustellen, die einander zwar ähneln, aber dennoch einzigartig sind. In modernistischen Kulturen jedoch führt das Kopieren zwangsläufig zur Herstellung identischer Klone, die keine eigene Identität, sondern lediglich Gruppenidentität haben.

LÉON KRIER mit JANUSZ MAÇIAG, NEUENTWICKLUNG DER SPITALFIELDS MARKETS, LONDON, 1986. Blick vom Portikus der Versammlungshalle auf das Börsengebäude. Das kontrastierende Vokabular vernakulärer und klassischer Architektur unterstreicht den unterschiedlichen Symbolwert von privater oder öffentlicher Nutzung eines Gebäudes.

Traditionelle Architektur:
Vernakuläres Bauen und Klassische Architektur

Traditionelle Architektur hat zwei komplementäre Erscheinungsformen: die vernakuläre, regional gebundene Bauweise und die klassische oder monumentale Architektur.

vernakulär: von englisch *vernacular* (volkstümlich, regional), abgeleitet vom lateinischen *vernaculus*, im Haus geboren, häuslich; einheimisch, landestypisch, bodenständig.
klassisch: nach dem lateinischen Adjektiv *classicus*, von höchster Klasse.

Das Regionaltypische ebenso wie das Klassische artikulieren Unterschiede des Ranges auf verschiedenen Ebenen, insbesondere zwischen privatem und öffentlichem, individuellem und kollektivem Bereich, zwischen Stadtkörper und Denkmal, zwischen Haus und Palast, zwischen Straße und Platz etc.

Die vernakuläre Bauweise entspringt einer handwerklichen Baukultur. Sie beschäftigt sich mit Privat- und Nutzbauten sowie mit zivilen Ingenieuraufgaben.

Die klassische oder monumentale Architektur dagegen verkörpert die künstlerische Kultivierung einheimischer Bauweisen. Sie bedient sich einer künstlerischen, symbolhaften Sprache für die Errichtung und Ausschmückung von öffentlichen und sakralen Bauten sowie öffentlichen Plätzen und monumentale Bauaufgaben im allgemeinen.

Region und Stil

Die vernakuläre Bauweise ist notwendigerweise an geoklimatische Konditionen und örtliche Baustoffe gebunden. Ein regionaler Stil kultiviert Formen und Techniken, die im Einklang mit den klimatischen, materiellen und topographischen Bedingungen einer Landschaft stehen. In Ästhetik und Charakter wird er bestimmt durch die unbegrenzt variierte, intelligente Wiederholung eines sich ständig anpassenden formalen und typologischen Inventars.

Die klassische Architektur entwickelt überregionale, universelle Stilformen. Auch wenn deren Grundelemente in einer bestimmten Region verankert sind (toskanisch, dorisch, ionisch etc.) oder im Stil eines Regimes, einer Dynastie oder eines Herrschers, transzendiert sie bei der Ausarbeitung und symbolischen Kodifizierung sowohl Ort und als auch Zeit, um schließlich eine kontinentale oder sogar universelle Bedeutung zu finden.

LÉON KRIER mit LIAM O'CONNOR, VILLA FÜR LORD ROTHSCHILD IN STRONGILO, KORFU, 1988. Die Villa liegt auf einer vorgeschobenen Landzunge vor der Küste Albaniens mit Richtung zur aufgehenden Sonne und ist in mehrere Pavillons gegliedert: Große Halle, Schlaftrakt, Aussichtsturm und Bäder. Ihre verschiedenen Funktionen werden durch Unterschiede im Maßstab betont, das Gesamtensemble orientiert sich an der regionalen Architektursprache durch den Kontrast von groben und verfeinerten, offenen und geschlossenen Elementen, horizontalen und vertikalen Massen und Räumen.

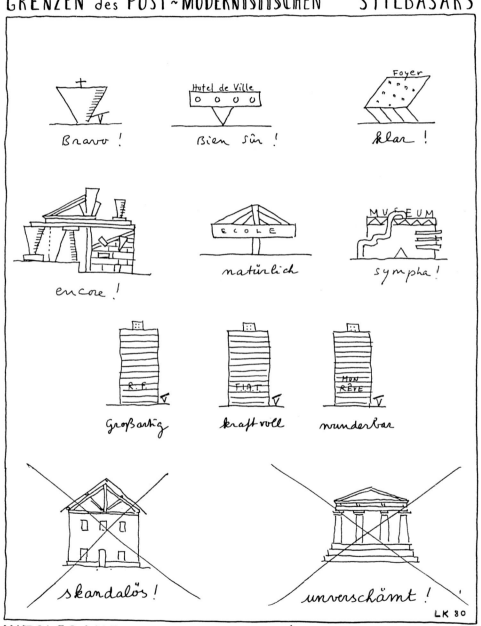

INTOLERANZ eines SELEKTIVEN "PLURALISMUS"

III

KRITIK AN EINER MODERNISTISCHEN IDEOLOGIE

WIE EINFACHES DURCH UNNÜTZES
VERKOMPLIZIERT WERDEN KANN

MODERNISMUS ALS ANTI-KONFORMISMUS
DES SYSTEMS

HISTORISMUS UND MODERNISMUS

MODERNISMUS UND FORTSCHRITT

DIE AUSWEGLOSIGKEIT DES MODERNISMUS

MODERNISMUS UND FUNKTIONALISMUS

MODERNISMUS UND FORMALISMUS

ZEITGEIST

MODERNISMUS UND DENKMALPFLEGE

CHARTA VON VENEDIG UND DOCOMOMO

NACH DEM MODERNISMUS

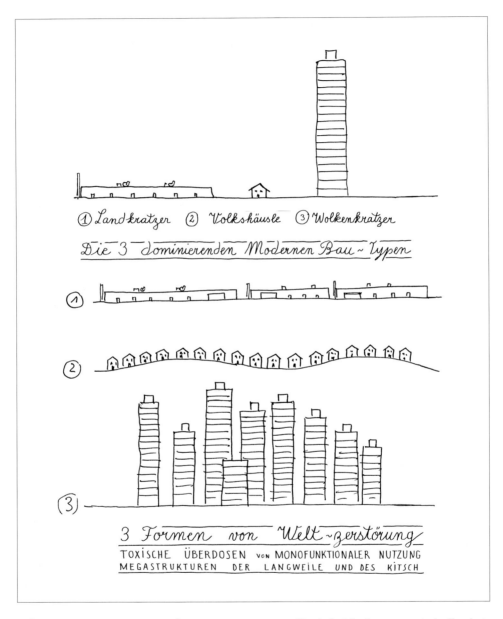

① Landkratzer   ② Volkshäusle   ③ Wolkenkratzer

Die 3 dominierenden Modernen Bau~Typen

① ② ③ 3 Formen von Welt~zerstörung

TOXISCHE ÜBERDOSEN von MONOFUNKTIONALER NUTZUNG
MEGASTRUKTUREN DER LANGWEILE UND DES KITSCH

STÄDTE SIND NICHT BLOSSE ANHÄUFUNGEN VON BAUTEN. Sie sind nicht das automatische Ergebnis konzentrierter Bauaktivitäten. Entscheidende Qualität gewinnt eine Stadt weniger durch die Bereicherung verschiedener Epochen als durch das genetische Potential und die Anpassungsfähigkeit ihrer Gründungsprinzipien.

WIE EINFACHES DURCH UNNÜTZES VERKOMPLIZIERT WERDEN KANN

Diese scherzhafte Bemerkung von Marcello Piacentini über bestimmte Tendenzen der modernistischen Architektur hat nach sechzig Jahren nichts von ihrer Gültigkeit eingebüßt, sie scheint sogar eher zu einem beherrschenden Prinzip geworden zu sein. So werden Bürohäuser und Wohnsilos aus Stahl und Glas in den Tropen wie im hohen Norden errichtet; ein Ausfall der Klimaanlage oder des elektrischen Lichtes kann einen Gebäudekomplex unbrauchbar machen; Millionen von Besuchern müssen erst in den Keller, um dann in die oberen Etagen eines nationalen Museums zu gelangen; ein dichtes Netzwerk aus Treppentürmen, Versorgungsschächten und Tragstrukturen versperrt in einem Glaspalast alle Blicke nach außen; ein Weltvermächtnis an Büchern, in Glastürmen verstaut, wird durch Wände aus kostbarstem Holz gegen Sonnenlicht und mit Hilfe von Klimaanlagen rund um die Uhr vor der Bedrohung einer architektonisch vorprogrammierten Vernichtung geschützt; riesige Wohntürme, die massenhaft an den lautesten und verschmutztesten Ausfallstraßen errichtet werden... Und immer und überall plant man die unwiderrufliche Abhängigkeit von klimatisierter Luft, dem Hauptverursacher von Hals-, Nasen und Ohrenkrankheiten.

MODERNISMUS ALS ANTI-KONFORMISMUS DES SYSTEMS

Seit seiner Einführung als Doktrin zu Beginn des 20. Jahrhunderts ist der Modernismus in der Architektur seinen Grundprinzipien treu geblieben. Obwohl er in den letzten sechzig Jahren durch die routinemäßige Wiederholung etablierter Modelle funktioniert hat, „mythologisiert" er sich als die einzige innovative, schöpferische und revolutionäre Kraft in der Architektur. Wiewohl er sich selbst als „anti-konformistisch" in Szene setzt, hat er doch Demokratien und totalitäre Regimes linker wie rechter Gesinnung von Kapstadt bis Moskau, von Kuba bis Chile gleichermaßen dominiert.

Jeder weiß heutzutage, daß Mies van der Rohe ebenso Hitler zu dienen bereit war wie Le Corbusier Marschall Pétain. 1942 stattete Alvar Aalto Hitlers Bildhauer im Dritten Reich einen freundlichen Besuch ab, Giuseppe Terragni arbeitete für Mussolini und Oscar Niemeyer für eine beeindruckende Anzahl von Diktatoren auf der ganzen Welt. All das hindert jedoch deren bigotte Anhänger nicht daran, weiter Herbert Reads Tirade zu zitieren: „Im Rücken jeder sterbenden Zivilisation steckt eine blutige, dorische Säule." Auf diese Weise versuchen sie, traditionelle Architektur und jede Kritik an Werken des Modernismus in Mißkredit zu bringen, die sie gerne als konformistisch, historistisch oder gar als reaktionär und totalitär hinstellen.

Doch wie selbstverständlich fallen solch systematische Verleumdungen auf die Denunzianten zurück! Modernistische Gebäude widersprechen allgemein ihren erklärten Verheißungen und Zielen, insbesondere den Doktrinen von Funktionalismus, Rationalismus, Konstruktivismus und Utilitarismus!

Unfähig, seine eigenen Prinzipien oder auch seine Einbindung von Rationalität, Fortschritt und Modernität in Frage zu stellen, ist der Modernismus seiner eigenen Mystik erlegen und unempfänglich geworden für die radikalen Veränderungen der Gesellschaft.

HISTORISMUS UND MODERNISMUS

Es gibt in der Tat erstaunliche Verknüpfungen zwischen Modernismus und Historismus. So vollzog der Historismus als Tendenz in der Architektur des 19. Jahrhunderts erstmals in der Geschichte einen systematischen Bruch in den typologischen und stilistischen Konventionen: Maschinenhallen in Form von Moscheen, Häuser und Fabriken in Form von Kathedralen, industrielle Lagerhäuser hinter Palastfassaden, Wolkenkratzer wie Glockentürme. Dieser ausufernde Liberalismus hatte tragische Folgen, weil seine Erben weniger die Mißbräuche an sich als vielmehr die mißbrauchte Architektur selbst verdammten.

Der Modernismus mag zwar die Formen des Historismus denunzieren, doch wenn seine Kirchen wie Warenhäuser, Kulturpaläste wie Raffinerien oder Häuser wie Schiffe aussehen, wirft er genau wie dieser die Kategorien durcheinander, wobei er

zwar das Gewand ändert, nicht aber die Absicht. Nachdem er Vokabular und Repertoire der traditionellen Architektur in weniger als drei Generationen regelrecht verbraucht hatte, wandte sich seine Ideologie mit der gleichen Gefräßigkeit anderen
Gebieten zu, wobei sie das Formenregister von Industriearchitektur, Schiffsbau,
Maschinen- und Werkzeugbau usurpierte.

Während so die modernistische Ideologie paradoxerweise in der Verdrängung
ihrer eigenen Herkunft begründet ist, formuliert sie doch einen Willen zu absoluter
Dominanz, indem sie alle Formen traditioneller Architektur und deren Techniken
„historisiert". Erst einmal als „historisch" oder „historisierend" verrufen – und
damit als altmodisch und überholt –, kann die Ausübung traditioneller Architektur
als anti-modern, anachronistisch und wertlos abqualifiziert werden. Seitdem ist der
Vorwurf des Historismus gleichbedeutend mit einem negativen Verdikt.

MODERNISMUS UND FORTSCHRITT

Revolutionäre Veränderungen in Wissenschaft und Industrie setzen sich aufgrund
ihrer eindeutigen Notwendigkeit und allgemeinen Nützlichkeit durch. Modernismus
in Kunst und Architektur hingegen drängt sich Öffentlichkeit und Behörden nicht
wegen der Überlegenheit seiner Thesen auf, sondern aufgrund der Gewalttätigkeit
seiner Versprechungen. Seine Technologie war niemals revolutionär; Bauelemente
wie Flachdächer, freier Grundriß, Pilotis und Vorhangfassaden waren schon lange
vorher entwickelt worden. Wirklich revolutionär war er nur in seiner massiven, ausschließlichen und aggressiven Anwendung dieser Elemente und mit seiner Kriegserklärung gegen jede traditionelle Kultur.

Der philosophische Irrtum des Modernismus liegt weniger in seiner Glaubenslehre begründet, als vielmehr in seinem Anspruch, neues Paradigma, alleiniges
Prinzip und Allheilmittel zu sein, das alle Formen traditioneller Architektur und
traditionellen Städtebaus für ungültig und ersatzbedürftig erklärt.

Standardisierung, Vorfertigung, offener Grundriß, Vorhangfassaden, Fensterbänder, Dachterrassen, gerollter, gestanzter Stahl, Glaswände und Stahlbeton sind sinnvolle Konzepte, wenn sie richtig eingesetzt werden; sie sind nicht anti-traditionell,
können traditionelle Architektur jedoch nicht ersetzen. Erst wenn sie auf die meta-

zu niedrige Baudichte   zu hohe Baudichte

Sogenanntes "STADT"gebilde

physische Ebene eines exklusiven Dogmas erhoben werden, bewirken sie eine tatsächliche Verarmung von Architektur und Städtebau.

Es gibt keinen Widerspruch zwischen den Wünschen, in einer traditionellen Stadt zu leben und ein schnelles Auto zu fahren. Ein gewisser modischer Avantgardismus jedoch wirft der Öffentlichkeit vor, dabei Aspekte des Modernismus abzulehnen und sich in „Vergangenheitstümelei zu flüchten". Doch eben diese Öffentlichkeit „flüchtet" sich auch in den „beruhigenden Komfort" des modernen Lebens. Sie bewundert den Fortschritt der Wissenschaften und heißt die technischen Errungenschaften willkommen. In ihren Wünschen wie ihrer Auswahl zeigt sie praktische Intelligenz, bevorzugt in der Regel Häuser mit geneigten Dächern, fordert aber keine Autos mit Strohdächern.

Tradition und Fortschritt stehen sich nicht im Wege. Während jedoch Haushaltsmaschinen als Ergebnis der wissenschaftlich-industriellen Revolution radikale Veränderungen erfahren haben, blieben sowohl in Bayern wie in der Provence, sowohl in Japan als auch in Virginia oder Andalusien Idee und Ideal des Hauses als Heim und Zuhause, als Mittelpunkt der Familie, die Idee von Häuslichkeit und häuslichem Wohlbefinden davon unberührt, sowohl im kleinen wie im großen. Überdies bietet die Idee von Massenwohnsiedlungen im öffentlichen Bewußtsein keinen erstrebenswerten Ersatz für diese Ideale, sie stellt im Gegenteil ein System dar, dem man allgemein zu entfliehen versucht. Was für die Wohnarchitektur gilt, trifft auch für Zivilarchitektur, Natur und Stadtlandschaft zu.

richtige Baudichte und Komposition

benennbare STADT

DIE AUSWEGLOSIGKEIT
DES MODERNISMUS

Existiert eine Tradition des Modernismus? Einige Ideologen möchten es uns gerne glauben machen. Doch sind Modernismus und Tradition nicht eher einander widersprechende Begriffe? Eine Architektur, die das alleinige Mandat für ihre Zeit beansprucht, trägt das Prinzip der Obsolenz bereits in sich und hat auf ihrer Stirn das Verfallsdatum gestempelt. Die modernistischen Architekten erklären die Schwierigkeit, allgemeine Zustimmung zu erlangen, mit der schockierenden Neuartigkeit ihrer Werke. Doch nach mehr als einem halben Jahrhundert ist der Modernismus selbst nicht mehr neu, außerdem bietet Neuartigkeit allgemein einen Anreiz zum Kauf. Obendrein treffen modernistische Bauten auf eine fundamentale, existenzielle Schwierigkeit: Die Zeit, die die Öffentlichkeit anscheinend benötigt, um mit ihnen vertraut zu werden, übersteigt in der Regel ihre Lebensdauer. Die Woge der Abbrüche modernistischer Immobilien, wie sie zur Zeit zu beobachten ist, löst daher meist wenig Bedauern aus. Bürgerinitiativen werden immer nur für die Erhaltung traditioneller Werke gebildet.

Die Dürftigkeit nicht-traditioneller Methoden, das Fehlen jeglicher rationalen Theorie, die vermittelbar und allgemein verständlich wäre – all diese internen und externen Schwierigkeiten sprechen dagegen, die modernistische Tradition in den gleichen Rang zu erheben wie die klassischen und regionalen Traditionen. Außer-

Formen von Accumulation

dem existiert kein kohärentes neo-modernistisches Denkmodell wie bei Le Corbusier, das in der Lage wäre, mit einem richtungweisenden Theoriegerüst Städtebau und Regionalplanung ebenso wie Architektur und Bautechnik zusammenzuführen. Der Modernismus hat keine eigene Sprache entwickelt, ihm fehlt das Vokabular, um nach öffentlichen und privaten, Kultur- und Industriegebäuden zu differenzieren. Es gibt keine schlüssige Theorie der Symbole, Typen und Zeichen, der Formen, Maße und Maßstäbe.

Das durch die Implosion modernistischer Dogmen hinterlassene Vakuum wird durch persönliche Theorien ausgefüllt, die sich durch „poetische" Schrulligkeit, einen gezierten, prätentiösen Jargon und nostalgische Revivals, wie die der frühen Dadaisten, von Merz und Proun, auszeichnen. Derartige Konstrukte halten keiner rationalen Analyse und keinem Dialog stand und lassen demzufolge auch keine Korrekturen zu. Auf jeden Fall bilden sie kein adäquates Instrument für eine Reform der städtebaulichen Rahmenbedingungen oder der Ausbildung in Architektur und Baugewerbe. Sie sind unfähig, einen entscheidenden und dauerhaften Beitrag zur Verbesserung von Städten und Landschaften zu leisten. Neo-modernistische Theorien sind in der Regel ein Rückfall in mystische, weil vernunftmäßig nicht nachvollziehbare Spekulation und experimentelle Willkür. Anstatt praktische und ästhetische Lösungen für die drängenden Probleme der Städte anzubieten, legitimieren und verstärken sie nur das allgemeine Chaos.

MODERNISMUS UND FUNKTIONALISMUS

Modernismus beansprucht zu Unrecht die alleinige Fähigkeit zu Evolution, Adaption und Wachstum, die traditionelle Architektur dagegen wird als zu starr, unflexibel und unfähig gebrandmarkt, um sich den Erfordernissen der modernen Zeit anzupassen. Werfen wir zunächst einen Blick auf die Begriffe Wachstum, Evolution, Transformation, Anpassungsfähigkeit und Flexibilität.

Wachstum ist Ausdruck von Vitalität, sein Wert beruht darin, einen Beginn und eine Begrenzung zu haben. Organisches Wachstum endet mit der Reife, andernfalls führt es zu Monstrosität. Reife ist eine Voraussetzung für die Fähigkeit von Sein und Werden.

Der Wunsch nach unbegrenztem Wachstum und Fortschritt entspringt der Weigerung, erwachsen zu werden, vielleicht auch der senilen Sehnsucht nach ewiger Jugend. Die Zwangsvorstellung von Wachstum um jeden Preis mißachtet nicht nur das Grundprinzip des Lebens schlechthin, sondern provoziert als Gegenreaktion neue Formen eines starren und deswegen stupiden Konservatismus.

In der Tat sind sich nur wenige Menschen der Transformationsprozesse bewußt, denen menschliche Siedlungen im Verlauf von Generationen unterliegen, ob es sich nun um ein friedliches Dorf oder eine wimmelnde Großstadt handelt.

Um uns dies zu verdeutlichen, stellen wir uns vor, eine auf einem Hügel gegenüber einer tausendjährigen Stadt aufgestellte Photokamera hätte täglich von dieser Stadt seit ihrer Gründung unter gleichen Lichtverhältnissen eine Aufnahme gemacht. Bei einer Projektion von 18 Bildern pro Sekunde auf eine Leinwand könnten wir in weniger als einer Stunde zehn Jahrhunderte morphologischer Geschichte sich entfalten sehen. Zutage käme die lebendige Natur nicht etwa eines fertigen Objektes, sondern eines wirklich organischen Körpers, der sich bewegt, erzittert, sich langsam dehnt oder brüsk schrumpft, durch plötzliche Unruhe explodiert oder im Halbschlaf vor sich hindämmert.

Die gemütlichen Vorkriegsaufnahmen von Kindern und alten Menschen, die inmitten einer Straße wie angewurzelt dastehen, vermitteln den falschen Eindruck von Unbeweglichkeit inmitten einer Realität, die immer im Wechsel begriffen ist, in konstanter Transformation aufgrund des Drängens zahlloser Individuen mit unterschiedlichen Werkzeugen und gegensätzlichem Willen. Der vom Modernismus für

Willkürliche Uniformität und formalistische Willkür sind symmetrische Phänomene und unausweichliches Ergebnis von monofunktionaler Zonierung. „Paläste für das Volk" und „Ghettos für die Privilegierten" sind die Sumpfblüten vorprogrammierter Verwirrung. Echte formale Vielfalt ist der natürliche, logisch zwingende Ausdruck funktionaler Vielfalt.

sich beanspruchte Geist der Dynamik und Flexibilität ist nicht allein für unsere Epoche charakteristisch, sondern Voraussetzung jeglichen Lebens.

Die von Konstruktivisten, Gruppen wie Archigram oder der High-Tech-Bewegung vertretene These, daß Städte und Bauten ständige Baustellen sein sollten, scheint zu vergessen, daß das wichtigste Ziel einer Baustelle die schnellstmögliche Fertigstellung des Gebäudes sein muß, damit sich das Leben dort ungehindert entwickeln kann. Ähnlich wie in der Natur sind Evolution und Transformation der Spezies weder permanente noch kontinuierliche Prozesse. Das Studium von Fossilien bestärkt uns heute in der Auffassung, daß sich die Artenentwicklung durch pulsartige Strahlungen vollzieht, das heißt durch einbrechende, unwiderrufliche Transformationen, die zur Herausbildung neuer Arten führen. Diesen genetischen Revolutionen folgen lange Perioden der Artenstabilität, mit anderen Worten die unermüdliche Reproduktion bestimmter Typen. Die Idee einer permanenten Revolution dagegen, die dem Mythos von uneingeschränktem Wachstum und Fortschritt zugrundeliegt, wird von den Prinzipien der Natur selbst widerlegt.

Die Anpassungsfähigkeit eines traditionellen Gebäudes oder Platzes wird durch seine strukturelle Stabilität nicht beeinträchtigt. Die Form der Flasche trifft keine Aussage über das Wesen der Flüssigkeit. Typologische und strukturelle Festigkeit stehen nicht im Widerspruch zu funktionaler Anpassungsfähigkeit; das Prinzip funktionaler Anpassung ist kein Monopol des Modernismus.

MODERNISMUS UND FORMALISMUS

Der Geist der Industrie-Norm, die Vorherrschaft von Standards, Serien, identischen Reproduktionen, Uniformität und absoluter Präzision, hat weit über alle industrielle Notwendigkeit hinaus sämtliche Bereiche der Kultur beeinflußt. Er führt zu formaler Uniformität, die zwangsläufig ihr Gegenteil provoziert: einen Formalismus der Willkür. Die willkürliche Uniformität eines Mies van der Rohe einerseits und die manische Willkür Hans Scharouns anderseits sind die Anker zeitgenössischer modernistischer Revivals.

Uniformität wird von vielen als notwendiger Ausdruck unserer Massengesellschaft, von Kollektivismus und Standardisierung postuliert, andere sehen in der

RELATIVE ENTFERNUNGEN UND INFORMATIONSGRADE. Diese Zeichnung wurde durch eine Seite des Buches *Chaos* von James Gleick (London 1988) angeregt. Im Gegensatz zur bevorzugten Interpretation einer Reihe zeitgenössischer Künstler repräsentiert die Chaostheorie ein mathematisches Verfahren, d.h. eine rationale Erklärung und Formulierung von Phänomenen, die oberflächlich als chaotisch erscheinen mögen.

Willkür eine angemessene und gerechtfertigte Reaktion auf dasselbe Phänomen. Die daraus entstehenden architektonischen Traumata verlängern jedoch nur die Krise der heutigen Architektur ohne zwingende Notwendigkeit.

Die Scheinargumentationen, auf denen diese Theorien aufbauen, verschließen sich jeder rationalen Argumentation, jeder Kritik und konsequenterweise auch jeder seriösen Reform. Wer modernistische Architektur nicht versteht, muß den Fehler bei sich suchen und trägt selbst die Schuld daran. Der Umstand, daß solche Spekulationen zu Paradigmen öffentlicher Architektur und Kunstpolitik geworden sind, ist eine Kalamität und eine kulturelle Katastrophe. Denn der öffentliche Raum ist damit dem Schicksal des Absurden ausgeliefert, während sich die Vernunft in die Architektur der privaten Sphäre verflüchtigt.

ZEITGEIST

Ein anderer Grundpfeiler modernistischer Theorie ist die These, man müsse „zeitgemäß" sein, weil es hierzu keine Alternative gebe, und daß der „Zeitgeist" unweigerlich einen prägenden Einfluß auf die gesamte Architektur und Kunst entfalten müsse. Diesen Zeitgeist zum Ausdruck zu bringen, sei demnach eine Sache des moralischen Imperativs und nicht etwa des Schicksals.

Sicherlich färbt jede Architektur in gewissem Maße auf ihre Epoche ab, doch ist es umgekehrt auch so, daß eine Epoche ihre gesamte Architektur bestimmen muß? Dies ist zumindest die erklärte Überzeugung des Modernismus. Muß in einer revolutionären, blutrünstigen Zeit die Architektur deshalb ebenfalls kriegerisch und mörderisch sein?

Ein gebildeter Mensch unterscheidet nicht nur zwischen Stilen und Epochen, sondern kann bis auf ein paar Jahre oder Kilometer Umkreis und Herkunft eines Gebäude identifizieren. Selbst der gelungensten Kopie wird es nicht gelingen, den Kenner zu täuschen.

Es ist unmöglich, sich ganz gegen den Einfluß des Zeitgeistes zu wehren. Er ist ebenso unvermeidlich wie die Farbe der Augen oder der Geruch eines Parfums; er bietet jedoch keinerlei Garantie für Qualität. Dies sollte Künstlern und Handwerkern kein Kopfzerbrechen bereiten, wenn sie mit ihren Werken auf eine zeitlose Qualität

Konservative gegen Kreative Restaurierung

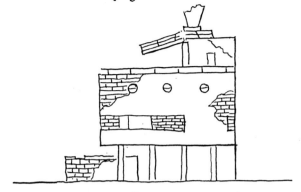

Verfallenes (Modernistisches) Meisterwerk

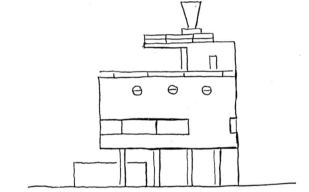

Konservative Restaurierung (NOSTALGISCH)

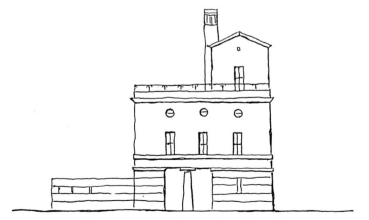

Kreative (innovative) Restaurierung

abzielen und sich dazu solcher Ideen, Techniken und Materialien bedienen, die am besten der Abnutzung durch die Zeit widerstehen, sich Willkür und Schwankungen des Geschmacks entziehen. Authentische Architektur ist nie allein Ausdruck eines bestimmten Zeitgeistes, sondern atmet den Geist aller Zeiten, den Geist schlechthin.

Uns allen wurde der Gedanke eingeimpft, daß unsere Arbeiten den Geist unserer Zeit ausdrücken müßten, doch die besten Werke der Vergangenheit beweisen genau das Gegenteil: Sie transzendieren die Besonderheit ihrer Epoche und werden so zu Mythen, die alle ansprechen, durch alle Epochen hinweg. Allein dadurch sind sie ewig jung.

MODERNISMUS UND DENKMALPFLEGE
CHARTA VON VENEDIG UND DOCOMOMO

Der Wert historischer Denkmäler besteht weniger im Alter ihres Baumaterials als vielmehr im Fortbestand der Ideen, die sie verkörpern. Eine identische Rekonstruktion mit übereinstimmenden Materialien, Formen und Techniken, deren man sich ursprünglich bediente, hat einen höheren Wert als ein ruinenhaftes Original. Wie Joachim Fest sagt, hängt die Originalität eines Gebäudes nicht von seinem Material ab, sondern liegt in der Originalität seines Entwurfes. Es ist also in vollem Umfang reparabel und rekonstruierbar, ohne seinen einzigartigen Charakter zu verlieren. Anders als das Gemälde eines unersetzlichen Meisters ist ein Gebäude in der Regel kein rein individuelles Werk. Der Kult um und die Fetischisierung von Ruinen erweist uns wie den ursprünglichen Erbauern einen schlechten Dienst. Was uns an einem alten Denkmal berührt, ist nicht sein Altertumswert, sein Wert qua Alter, sondern seine konstante Modernität, das heißt, seine Fähigkeit, zu uns zu sprechen trotz seines Alters, und die Kraft, seine materielle Altertümlichkeit zu transzendieren.

Die Charta von Venedig wurde geschaffen, um Konservierung und Restaurierung von Denkmälern auf eine kohärente, zeitgemäße Basis zu stellen. Sie wurde auf dem 2. Internationalen Kongress von Architekten und Fachleuten der Denkmalpflege 1964 in Venedig formuliert und vom „International Council for Monuments and Sites" (ICOMOS) im Jahre 1965 übernommen.

PROJEKT FÜR EINE „RADIKALE“ RESTAURIERUNG DES BELVEDERE VON SAN LEUCIO, CASERTA, L.K., 1984. Die barocke Architektur dieses Ensembles ermöglicht die interessante Illustration eines architektonischen und typologischen Paradoxon. Die volumetrischen, typologischen und dekorativen Kompositionssysteme haben sich hier sozusagen zu einem architektonischen Widerspruch vereinigt. Die vorgeschlagene radikale Neukomposition zeigt die mögliche Bandbreite einer traditionellen Restaurierung. Weit davon entfernt, konservativ zu sein, stellt diese Entwurfsphilosophie den strukturellen Zusammenhang zwischen tektonischem Ausdruck, Bautechnologie und typologischer Komposition wieder her.

Sie bedeutete für die Instandsetzung und Restaurierung von Denkmälern und ihrer Standorte, was die Charta von Athen 1931 für die Stadtplanung gewesen war, nämlich eine modernistische Streitschrift. Sie hat das allgemeine Bewußtsein so stark beeinflußt, daß ihre Prinzipien eine Art zweiter Natur für Architekten und Experten geworden sind.

Nach einer Auflistung der Vorteile einer Erhaltung und Restaurierung von antiken Denkmälern zum Wohle der Menschheit erweist sie sich jedoch ab dem Artikel 9 eher als Instrument zur Erhaltung von Ruinen und Fragmenten denn von Meisterwerken in ihrem organischen und organisatorischen Zusammenhang.

Artikel 9 (in der Fassung von 1989): „Die Restaurierung ist eine Maßnahme, die Ausnahmecharakter behalten sollte. [...] Sie findet dort ihre Grenze, wo die Hypothese beginnt. Wenn es aus ästhetischen und technischen Gründen notwendig ist, etwas wiederherzustellen, von dem man nicht weiß, wie es ausgesehen hat, wird sich das ergänzende Werk von der bestehenden Komposition abheben und den Stempel unserer Zeit tragen."

Die Restaurierung ist ein unvermeidlicher Prozeß jeder Erhaltungsmaßnahme. Es gibt keine gültige Restaurierung, ohne eine Hypothese oder Vision des gesamten Projektes mit einzubeziehen, zumal die Originalität eines Werkes nicht von der Originalität des Materials abhängt. Doch die Charta von Venedig setzt alles auf den unersetzlichen Wert des ersten Baumaterials als unverzichtbares Relikt, was de facto auf eine Verherrlichung von Ruinen hinausläuft. Diese Tendenz wird in den nachfolgenden Artikeln bestätigt.

Artikel 10: „Wenn sich die traditionellen Techniken als unzureichend erweisen, können zur Sicherung eines Denkmals alle modernen Konservierungs- und Konstruktionstechniken herangezogen werden [...]."

Inzwischen ist hinreichend bekannt, daß die Anwendung nicht-traditioneller Techniken für die großen Schäden bei Restaurierungen seit Beginn des 20. Jahrhunderts verantwortlich sind.

Artikel 11: „Stilreinheit ist kein Restaurierungsziel."

Artikel 12: „Die Elemente, welche fehlende Teile ersetzen sollen, müssen sich dem Ganzen harmonisch einfügen und vom Originalbestand unterscheidbar sein, damit die Restaurierung den Wert des Denkmals als Kunst- und Geschichtsdokument nicht verfälscht."

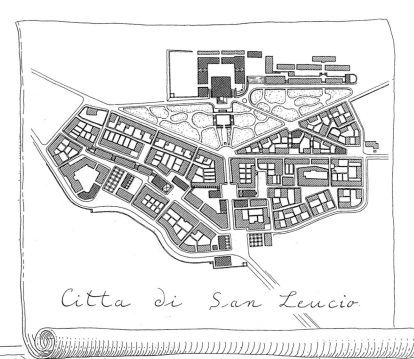

Città di San Leucio

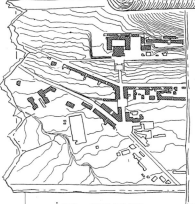

IST ~ ZUSTAND

Struttura Monumentale

1 Museo della Seta   6 Municipio e Torre   11 Odeon   16 Mercato
2 Belvedere   7 Cappella di S. Leucio   12 Prefettura   17 Albergo
3 Accademia   8 Porta antica   13 Casa del Popolo   18 Sanità
4 Fabbrica   9 Biblioteca munic.   14 Nido   19 Palestra
5 Mercato della Seta   10 Circolo I + II + III   15 Scuola   20 Vicilii Fuoco

RES PUBLICA

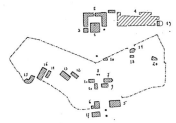

6 MINUTI di CAMMINATA

NEU ~ BAUTEN

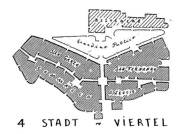

4 STADT ~ VIERTEL

STRASSEN & PLÄTZE

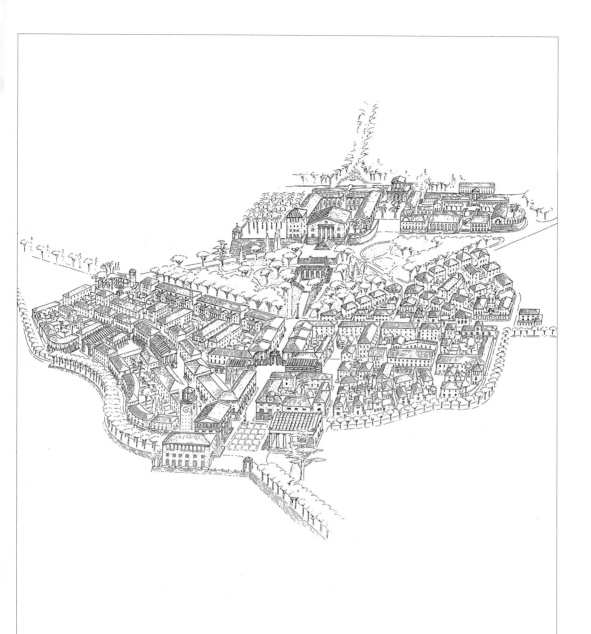

BEBAUUNGSPLAN FÜR DIE RESTAURIERUNG UND ERWEITERUNG DES GEWERBEVIERTELS VON SAN LEUCIO, CASERTA, L.K., 1984. Dieser Plan zur internen Erweiterung beruht auf dem Gedanken, die Seidenindustrie wiederzubeleben, deren Zentrum San Leucio im Italien des 18. Jahrhunderts bildete. Die zerstreuten historischen Fragmente sind nahtlos in das neue urbane Netz integriert und dienen als Modelle, um Parzellengrößen, Anzahl von Geschossen, Bautechniken, Materialien, Proportionen bis hin zum Charakter und Detail der Architektur zu definieren.

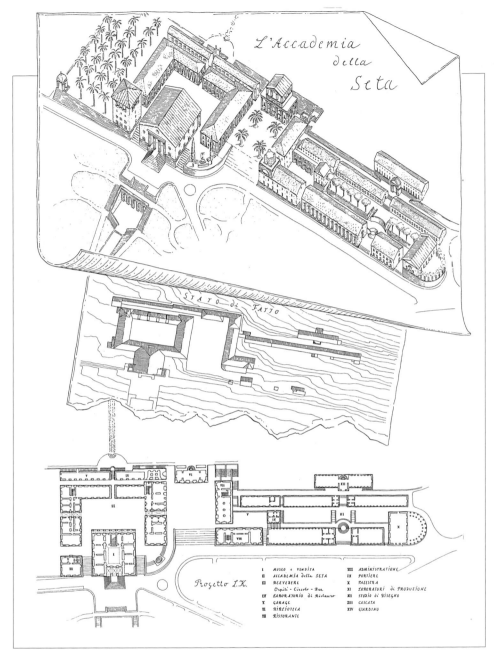

L'Accademia della Seta

STATO di FATTO

Progetto L.K.

I MUSEO e VENDITA
II ACCADEMIA della SETA
III BELVEDERE
Ospiti - Circolo - Bar
IV LABORATORIO di Restauro
V GARAGE
VI BIBLIOTECA
VII RISTORANTE

VIII AMMINISTRAZIONE
IX PORTIERE
X PALESTRA
XI LABORATORI di PRODUZIONE
XII STUDIO di DISEGNO
XIII CASCATA
XIV GIARDINO

DIE NEUE AKADEMIE DER SEIDE IN SAN LEUCIO, L.K., 1984. Das neue Ausbildungs- und Produktions-
zentrum, das eine Verdoppelung der Geschoßflächen bietet, beinhaltet eine radikale Neukomposition der historischen Fragmente des Belvedere. Es demonstriert, daß auch die Planung von Gewerbe-
zonen entgegen der meist damit verbundenen städtebaulichen und landschaftlichen Verwüstung im
Gegenteil ein Mittel zur Verschönerung unserer gebauten Umwelt sein kann.

Das erklärte Bestreben, Original und restaurierte Teile deutlich voneinander abzuheben, trägt in Wirklichkeit zur Minderung der Kohärenz und damit der Harmonie und Schönheit restaurierter Gebäude bei.

Artikel 15: „Jede Rekonstruktionsarbeit soll von vornherein ausgeschlossen sein [...]. Neue Integrationselemente müssen immer erkennbar sein und sollen sich auf das Minimum beschränken, das zur Erhaltung des Bestandes und zur Wiederherstellung des Formzusammenhanges notwendig ist."

Wenn Charakter und Einheit eines Bauwerkes erhalten bleiben sollen, sind regelmäßige Erhaltungs- und Rekonstruktionsarbeiten der Teile oder des Ganzen unverzichtbar. Seine materielle und formale Authentizität kann nur durch die Neuverwendung der dem Werk spezifischen Bau-Techniken, -Prinzipien und -Materialien gewahrt werden.

Ist es in diesem Zusammenhang nicht eigenartig, daß eine Mentalität, die sich dafür einsetzt, den vor-modernistischen Denkmälern den Stempel unserer Zeit aufzudrücken, andererseits bereit ist, diesen Grundsatz aufzugeben, wenn es sich um modernistische Denkmäler handelt?

Seit ihrer Gründung 1988 in Den Haag hat es sich die Organisation Docomomo (Documentation and Conservation of Buildings of the Modern Movement, Dokumentation und Erhaltung von Gebäuden der Moderne) zur Aufgabe gemacht, die Werke der Begründer des Modernismus in die Denkmälerlisten aufzunehmen. In der Praxis bedeutet dies, daß Gebäude, die aufgrund ihrer Bauweise nur für eine kurze Lebensdauer konzipiert waren und eigentlich nicht zu erhalten sind, restauriert und bewahrt werden, in einigen Fällen sogar regelmäßig und in konservierender Weise neu gebaut werden, obwohl ihnen ihre Schöpfer eine begrenzte Lebensdauer mit auf den Weg gegeben haben. Docomomo tritt sogar für den Bau posthumer Werke ein, die niemals realisiert wurden.

Solch rührende Attitüden haben im Falle des Barcelona-Pavillons von Mies van der Rohe oder der „Maison Guiette" von Le Corbusier in Antwerpen zu Ergebnissen voll nostalgischem Charme geführt. Andererseits stößt die Absicht, alte, traditionelle Gebäude zu restaurieren, zu erhalten und zuweilen zu rekonstruieren, auf prinzipielle Verweigerung der Modernisten.

Die Charta von Venedig wandelt auf eine subtile, aber dennoch brutale Weise normale Erhaltungs- und Restaurierungsmaßnahmen in eine verordnete Vergewaltigung

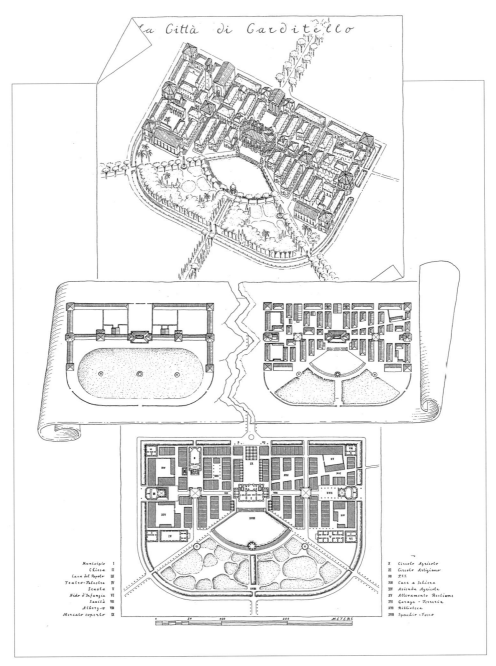

La Città di Carditello

Municipio	I
Chiesa	II
Casa del Popolo	III
Teatro-Palestra	IV
Scuola	V
Nido d'Infanzia	VI
Sanità	VII
Albergo	VIII
Mercato coperto	IX

Circolo Agricolo	X
Circolo Artigiano	XI
P.T.T.	XII
Case a Schiera	XIII
Azienda Agricola	XIV
Allevamento Bestiame	XV
Garage - Ferreria	XVI
Biblioteca	XVII
Specchio - Fosso	XVIII

METERS

BEBAUUNGSPLAN FÜR DIE KOMPLETTIERUNG DER STADT CARDITELLO, CASERTA, L.K., 1984. Die bestimmenden Elemente dieses großen historischen Gebäudekomplexes, der zentrale Pavillon und seine acht Türme, werden zu monumentalen Ankerbauten eines neuen Stadtgewebes aus Straßen, Plätzen, Wohnblöcken und hofähnlichen Ensembles, die Forschungslabors sowie handwerkliche und industrielle Produktionsstätten aufnehmen.

um. Es wäre nicht weniger absurd, alte Gemälde und Skulpturen nach den Vorschriften eines Francis Bacon oder Marcel Duchamp restaurieren zu wollen.

Ist es nicht eine eigenartige Umkehrung der Werte, daß ausgerechnet die Apostel des Tabula-rasa-Prinzips sich gegenseitig darin überbieten, den geschichtlichen Wert des modernistischen Erbes zu mythologisieren, und denjenigen historische Gefühllosigkeit unterstellen, die sich nach sechzig Jahren Überdruß nicht gegen den Abriß von Wohntürmen und Fertighäusern zur Wehr setzen? Allein, mit der Rechnung wird auch Rat kommen.

Fernand Point sagte, eine Mahlzeit könne niemals besser sein als die geringste ihrer Zutaten. Mit welchem Recht verlangt man von uns, noch länger die Verunstaltung unserer Städte und Landschaften hinzunehmen?

Was also ist das Ziel der Denkmalpflege? Die Docomomo verlangt die Erhaltung datierter, oft baufälliger Strukturen, nur weil sie durch das Wohlwollen tendenziöser Historiker zu zweifelhaftem Renommee gekommen sind. Die Charta von Venedig propagiert die Zerstörung der organischen Einheit unserer historischen Bauten. Daraus erwächst eine Abwertung der Idee der Denkmalpflege, eine Verkümmerung ihrer Disziplinen, Gewerbe und Techniken, ihres Urteilsvermögens und ihrer objektiven Qualitätsmaßstäbe. Auf diese Weise ist der Ruf der Denkmalpflege selbst bedroht.

NACH DEM MODERNISMUS

Es ist erst ein halbes Jahrhundert her, seit die modernistischen Bewegungen behaupteten, die endgültige Lösung für alle Probleme unserer gebauten Umwelt gefunden zu haben. Heute jedoch drängt sich die Erkenntnis auf: Ohne die traditionellen Landschaften, Städte und Werte wäre unsere gebaute Umwelt ein Alptraum von globalen Ausmaßen. Der Modernismus steht für die Verneinung all dessen, was die Architektur für uns nützlich und attraktiv macht: keine Dächer, keine tragenden Wände, keine Säulen, keine Bögen, keine stehenden Fenster, keine Straßen, keine Plätze, keine Intimität, keine Erhabenheit, keine Dekoration, kein Handwerk, keine Geschichte, keine Tradition. Muß der nächste Schritt nicht logischerweise darin bestehen, all diese Negation zu verneinen?

Genealogie des Hauses

30 A.D.

1030 A.D.

1830 A.D.

1930 A.D.

LK 88

2030 A.D.

MODERNISMUS = VORÜBERGEHENDE
ABLEHNUNG des ARCHETYPS

Zwar müssen die Neo-Modernisten seit einigen Jahren eingestehen, daß es keinen wirklichen Ersatz für ein traditionelles Gefüge von Straßen und Plätzen gibt, doch sie widersetzen sich weiterhin der traditionellen Architektur mit denselben brüchigen Argumenten, mit denen sie gestern noch gegen traditionellen Städtebau fochten.

Fünfzig Jahre Modernismus und dreißig Jahrhunderte traditioneller Architektur stellen sich heute einer vergleichenden Beurteilung. Tatsache ist, daß die Öffentlichkeit bereit ist, Urbanismus in verschiedener Form zu akzeptieren, solange die Architektur traditionellen Charakter zeigt. Andererseits weigern sich die Architekturschulen heute, die Prinzipien und Techniken traditioneller Architektur zu lehren. Trotzdem verlangt der Markt genau diese Architektur, egal, ob gut oder schlecht. Die Schulen bilden also regelrecht am Markt vorbei aus.

Seit drei Generationen hat es die modernistische Denunziation geschafft, traditionelle Architektur von nahezu allen öffentlichen Bauprojekten auszuschließen. Kein Wunder, daß diese auf das jämmerlichste Niveau der Geschichte herabgesunken sind. Gleichzeitig erzielten die Modernisten ihre abwegigsten Resultate, wenn sie die Szene total beherrschten. Und es ist kein Zufall, daß sie ihr höchstes Niveau erreichten, als sie eine Minderheitsbeschäftigung repräsentierten, wie es in den zwanziger Jahren der Fall war. Es ist zu hoffen, daß dies in Zukunft wieder so sein wird.

Unter dem barbarischen Einfluß der Maschine, die Städte und Land mit dürftigen Wohnungen und Kisten kolonisiert, wird jedermann zum Verlierer. Die Frage ist nicht, wer diesen Krieg der Positionen gewinnt, sondern wie man allgemein die Qualität hebt, indem man einen intelligenten, demokratischen Wettbewerb, eine pluralistische Erziehung und eine unparteiische, wirkungsvolle Kritik pflegt.

*

* *

Städtebau ist im wesentlichen eine Angelegenheit von
öffentlichen Räumen, Baudichten, Parzellengrößen und Geschoßflächen.
Es gibt spezielle Typen, Dichten, Dimensionen und Proportionen, mit denen
wir harmonische Städte bauen können, und andere, die unweigerlich entweder
zur Wucherung der Vororte oder aber zu großstädtischen Überkonzentrationen führen.
Es gibt ortsschöpfende und ortszerstörende, urbane und suburbane Schemata,
hochriskante Mega-Programme, die Mega-Profite oder Mega-Fiasken verheißen, aber auch solche,
die der individuellen Begabung und dem Unternehmergeist einen Ort geben,
die zu einem fairen Wettbewerb anregen und zur Entstehung angenehmer
und annehmbarer Städte führen. Die traditionelle Stadt ist ein Ort des Wettbewerbs,
der es den größten wie den bescheidensten Talenten erlaubt,
in friedlicher Nachbarschaft zu gedeihen. Wetteifernd in Harmonie zu bauen:
Das ist die Definition von Urbanität
und städtischer Zivilisation.

DAS NEUE HAFENVIERTEL IN BERLIN-TEGEL, L.K., 1980.

IV

PERSPEKTIVEN
EINES NEUEN
STÄDTEBAUS

FORMEN STÄDTISCHER ÜBEREXPANSION

ÖKOLOGIE UND STÄDTEBAU –
EINE NOTWENDIGE VERBINDUNG

KRITIK DER INDUSTRIELLEN PLANUNG
UND FUNKTIONALEN ZONIERUNG

DIE URBANISIERUNG DER VORORTE
Neue Möglichkeiten der Stadtentwicklung
und das innere Wachstum der Städte

NOTWENDIGKEIT EINER REFORM
DER ENTWICKLUNGSPROGRAMME

DER BEBAUUNGSPLAN (MASTERPLAN) –
EINE DEFINITION

DER BEBAUUNGSPLAN,
EIN INSTRUMENT VON ÖFFENTLICHEM INTERESSE

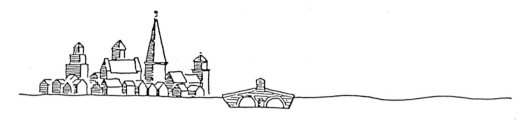

Reife STADT

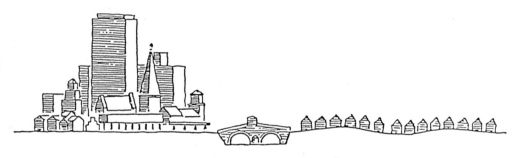

VERTIKALE & HORIZONTALE "ÜberEXPANSION"

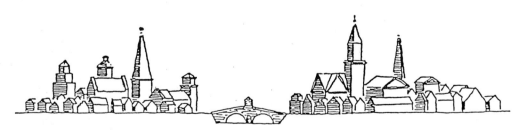

ORGANISCHES WACHSTUM DURCH VERVIELFÄLTIGUNG

FORMEN
STÄDTISCHER ÜBEREXPANSION

Die gravierendsten Probleme unserer Ansiedlungen haben alle eine gemeinsame Ursache: Statt durch Verdoppelung oder Vervielfältigung selbständiger Stadtviertel organisch zu wachsen, leiden die Städte des 20. Jahrhunderts unter verschiedenen Formen monofunktionaler Überexpansion. Diese führt zu schwerwiegenden Störungen hinsichtlich Struktur, Nutzung und Erscheinung und erzeugt ein kritisches Ungleichgewicht zwischen Zentrum und Peripherie.

– Stadtzentren tendieren zu vertikaler Überexpansion, was zu einer exzessiven Dichte von Gebäuden, Aktivitäten und Nutzern führt, aus der wiederum übertriebene Grundstücks- und Immobilienpreise resultieren.
– Vorstädtische Randgebiete dagegen neigen zu horizontaler Überexpansion infolge niedriger Grundstückspreise; die Folge ist eine zu niedrige Dichte von Gebäuden, Nutzungen und Aktivitäten.

Beide Formen der Hypertrophie bedingen einander. Die daraus erwachsenden funktionalen Probleme bedingen einander und können daher nicht getrennt voneinander gelöst werden.

*

* *

DIE EXPANSION DER STÄDTE. Wachstum ist nur dann sinnvoll, wenn es ein vorbestimmtes Ziel hat. Reife ist das eigentliche Endziel allen Wachstums. Überexpansion dagegen bedeutet Verlust von Grenzen und führt zur frühzeitigen Erschöpfung des generativen Systems.

ÖKOLOGIE UND STÄDTEBAU –
EINE NOTWENDIGE VERBINDUNG

Jeder Protest gegen die Ausbeutung unserer Bodenschätze oder die Zerstörung von Städten und Landschaft ist sinnlos, solange er sich nicht auf glaubwürdige und praktikable Lösungen bezieht. Ohne eine globale Vision der Umweltprozesse erschöpfen sich lokale Protestbewegungen in Detailkritik, denn die entscheidenden Anstöße zur Veränderung basieren auf politischen Entscheidungen auf nationaler oder kontinentaler Ebene. Kritik ohne gleichzeitige Vision demonstriert lediglich einen Mangel an Intelligenz; sie ist damit nichts weiter als eine Manifestation derselben geistigen Verwirrung, von der die fragmentierte Stadt ebenso Ursache wie Wirkung, Ausdruck und Instrument ist.

Nur eine umfassende philosophische, technische, kulturelle, moralische, ökonomische und ästhetische Vision ist in der Lage, Anstöße zu geben, die unsere natürliche und kulturelle Umwelt sinnvoll verändern. Architektur und Städtebau können ihre Autorität und Legitimität heute nur dann zurückgewinnen, wenn sie nach Lösungen in einem ökologischen Kontext suchen.

Städte und Landschaften sind das lebendige Abbild unserer geistigen und materiellen Werte. Sie sind zugleich Ausdruck und Werkzeug. Sie bestimmen die Art, wie wir Energie, Zeit, Land und Bodenschätze nutzen oder vergeuden.

Die Ausrichtung von Städtebau, Landwirtschaft und Industrie nach ökologischen Gesichtspunkten ist zur dringendsten Aufgabe und größten Herausforderung für die Industriegesellschaft geworden. In zwei Jahrhunderten haben technische Errungenschaften die Lebensgewohnheiten und gesellschaftlichen Verhältnisse revolutioniert. Jetzt ist die ökologische Ethik im Begriff, industrielle, technologische und soziale Imperative tiefgreifend zu verändern.

Heute wird eine beträchtliche Menge an Energie und Fantasie auf den sogenannten „ökologischen" Hausbau, Werkzeuge und Konsumgüter verwendet. Doch solche an sich lobenswerten Unternehmungen lenken die allgemeine Aufmerksamkeit vom eigentlichen Ziel der Ökologie ab, das notwendigerweise auf einen größeren Zusammenhang gerichtet ist.

Ob auf lange Sicht die Luft durch öffentliche Autobusse oder Privatwagen verpestet wird oder Vorstadtbewohner in ökologisch perfekten Häusern wohnen, ist

letztlich keine Frage von ökologischer Relevanz. Die eigentliche ökologische Herausforderung liegt darin, die Abläufe im Alltagsleben der Gesellschaft grundlegend neu
zu konzipieren.

Es ist falsch, jede Anhäufung von Gebäuden Stadt zu nennen, denn nur wenn sie
eine bestimmte Form und Struktur aufweist, verdient sie diese Bezeichnung wirklich. Die Stadt als Ort ist nicht das automatische Ergebnis der baulichen Aktivitäten
einer Gesellschaft. Sie kann nur entstehen und gedeihen, wenn sie von Individuen
und Institutionen, von der Gesellschaft überhaupt, gewollt und gewünscht wird. Sie
ist insofern kein Zufallsprodukt, sondern das Ergebnis klarer Visionen und Ziele.
Urbanität und Zentralität sind Erfindungen des menschlichen Geistes. Ohne diese
Leitideen gibt es keine städtischen Gemeinschaften.

Eine rein industriell-kommerzielle Logik schafft nicht unbedingt Städte von blei-
bendem Wert. Derartige Aktivitäten sind zwar wesentliche Voraussetzung für Orts-
gründungen, doch großartige und prächtige Städte sind niemals ihr zufälliges
Nebenprodukt. Qualitäten wie Vitalität und Urbanität, Ästhetik, Heimatstolz, Bür-
gersinn, Charakter und Schönheit von öffentlichen Plätzen, Parks und Bauten
sprießen nicht einfach wild auf dem Feld wirtschaftlicher Beziehungen.

Ist industrielle Dynamik ihrer eigenen Logik überlassen, okkupiert sie das Terrain in einer geradezu militärischen Weise und verursacht dabei folgenschwere Begleitschäden. Aus diesem Grund kann eine „ökologische" Vision nie auf eine Stadt, eine Region oder ein Land begrenzt sein, sondern muß in einem kontinentalen und weltweiten Kontext gesehen werden und in ein Statut für Umwelt und Stadt münden. Eine Charta der gebauten Umwelt muß einen ästhetisch-ethischen Charakter haben, um nicht in technologische Sackgassen zu führen. Sie muß sich mit dem Typischen und Archetypischen befassen, und zwar auf allen Ebenen der Landes- und Stadtplanung.

Indem sie ihre Kompetenzen auf unbestrittene, durch langzeitliche Erfahrung gestützte Gewißheiten beschränkt, muß diese Satzung die Interessen politischer, industrieller, finanzieller und militärischer Organisationen transzendieren, ebenso die lokaler, nationaler, kultureller und religiöser Gruppen. Sie kann nur auf einen langfristigen Konsens von Politik, Ethik, Kultur und Wirtschaft gegründet sein und ist die notwendige Ergänzung für die politischen Verfassungen moderner Staaten, eine ethische und zivilisatorische Vision universellen Ausmaßes.

KRITIK DER INDUSTRIELLEN PLANUNG UND FUNKTIONALEN ZONIERUNG

Die Zonierung nach Funktionen, die durch die Charta von Athen ab 1931 formuliert und propagiert wurde, war im Gegensatz zu ihrem universalen Anspruch im wesentlichen eine Methode der Vermassung und Industrialisierung, als Instrument industrieller Expansion ebenso leistungsfähig wie rudimentär. Sie führt unweigerlich zur Zersplitterung integrierter, polyfunktionaler Ansiedlungen (Großstädte, Gemeinden, Stadtviertel, Dörfer) in monofunktionale Vorstadtbezirke (Wohnviertel, Schlafstädte, Universitätscampi, Einkaufszentren, Industriezonen, Gewerbeparks etc.). Monofunktionale Zonierung (nach Wohn-, Schul-, Geschäfts-, Industrie- und Verwaltungsfunktionen) ist das technische und gesetzliche Instrument dieser Aufsplitterung, Regulierungen der Flächen-Zonierung und bevorzugte Bewilligung von Finanzmitteln für den Ausbau „zonierter" Entwicklungspläne sind ihre politischen und ökonomischen Manifestationen.

Zonierung

Die Stadt

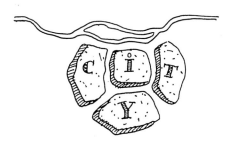

ANTI ~ STADT

VARIABLE ZAHL

VON

MONO ~ FUNKTIONALEN
ZONEN

STADT

VARIABLE ZAHL

VON

KOMPLETTEN
STÄDTISCHEN GEMEINSCHAFTEN

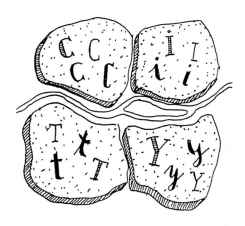

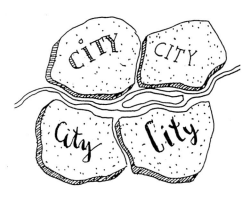

Statt eine organische Integration aller urbaner Funktionen zu erlauben und zu fördern, führt die industrielle Zonierung zu mechanischer Trennung und Massierung. Ihre Regeln bestimmen inzwischen die Planungsmethoden der meisten industrialisierten Länder. Obgleich eine Kontrolle von Lärm- und Umweltverschmutzung ohne weiteres die Integration der meisten modernen Arbeitsplätze in andere Nutzungen erlauben würde, erhält die Zonierung weiterhin eine Trennung der Funktionen aufrecht, was in der Mehrzahl der Fälle unnötig und überholt ist. Darüber hinaus widerspricht sie Urbanität und Ökologie.

Die erste Forderung der Zonierung ist die Aufteilung eines Territoriums, egal ob Stadt oder Land, in einer Weise, daß für jeden Bürger die Erfüllung einzelner Funktionen jeweils nur zu einer bestimmten Zeit an einem bestimmten Ort möglich ist. Die zweite Forderung beinhaltet die tägliche Mobilisierung der gesamten Gesellschaft (Erwachsene, Alte und Junge, Kinder und Säuglinge, Kranke und Gesunde, Reiche und Arme, Behinderte und Nichtbehinderte, Beschäftigte und Arbeitslose) zu keinem anderem Zweck als dem, ihre täglichen Verrichtungen zu erledigen. In der Tat hat die Zonierung das moderne Leben verkompliziert und zu riesigen Zeitverlusten für Transportzwecke geführt. Ihr bemerkenswertes Ergebnis besteht darin, größten Aufwand an Zeit, Energie, Gütern und Land für die Bewältigung alltäglicher Aufgaben zu erfordern.

Die Verkehrsströme von Personen, Gütern und Informationen stellen die wichtigsten Aktivitäten im industriellen „Stoffwechsel" des Menschen mit der Natur dar. Straßen, Autobahnen, Kanäle, Luftwege, Pipelines und Kabel bilden das arterielle System dieser atomisierten Gesellschaft und, paradoxerweise, ihren gemeinsamen Raum. Schiene, Auto, Flugzeug, Computer, Fax, Internet und Fernsehen sind ihre wichtigsten Instrumente, die unverzichtbaren Erweiterungen des menschlichen Körpers und Geistes. Heute sind sie noch Verursacher von Energieverschwendung, obgleich sie morgen zwangsläufig Werkzeuge der Ökologie werden müssen.

Alle Industriestaaten, unabhängig von ihrer politischen Ideologie, fordern und fördern bislang die funktionale Zonierung von Stadt und Land gegen alle Widerstände und Argumente der praktischen Vernunft. Funktionale Zonierung ist kein neutrales technisches, sondern ein politisch-ideologisches Instrument. Es transformiert eine Gesellschaft von aktiven, unabhängigen Individuen in eine zwar mobi-

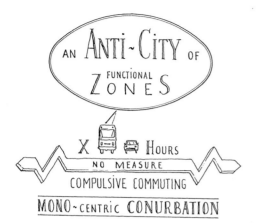

AN **ANTI~CITY** OF
FUNCTIONAL
Z O N E S

X 🚌 🚗 HOURS
NO MEASURE
COMPULSIVE COMMUTING

MONO~centric CONURBATION

A **CITY** OF
U R B A N
COMMUNITIES

1o 🚶 MINUTES
THE STANDARD MEASURE
WALKING

POLY~centric FEDERATION

WACHSTUM

durch HYPERTROPHIE

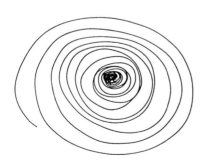

WACHSTUM

durch VERVIELFÄLTIGUNG

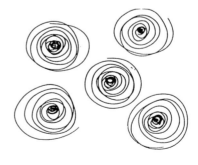

lisierte, doch passive Massengesellschaft und ersetzt die organische Ordnung der Stadt durch eine mechanische Zersplitterung der Vororte ohne Zentren und Zentralität.

Die funktionale Zergliederung einer Stadt endet letztlich mit der Zerstörung des Umlandes, die die grundlegende Aufhebung von Stadt und Land zur Folge hat. Sie reduziert ländliche und städtische Gemeinschaften, Land und Wald, Natur und natürliche wie menschliche Ressourcen auf statistische Posten, die sich in austauschbaren Zahlenwerten und Dichten ausdrücken und zu Symbolen von Vermassung und örtlicher Banalisierung werden.

Bis auf den heutigen Tag steht die industrielle Logik in Konflikt mit der sozialen und ökologischen wie mit der ethischen und ästhetischen Vernunft. Sie macht jeden Bürger zum potentiellen und unfreiwilligen Energieverschwender.

Tatsächlich setzt sich industrielle Ideologie oft gegen den gesunden Menschenverstand durch, selbst gegen Ökonomie und Moral, wie sich das am klarsten in totalitären Systemen manifestiert. Sie schafft Probleme, die unlösbar sind und die sie selbst nicht bewältigen kann, und setzt sogar die individuelle und kollektive Verantwortung außer Kraft, um wie blind ihre eigenen Ziele zu verfolgen. Sich selbst überlassen, ist sie amoralisch, asozial und anti-ökologisch; sie ist kein angemessenes Werkzeug der Zivilisation. Umgekehrt ist ihre absolute Dominanz nur dann möglich, wenn fundamentale zivilisierende Mythen fehlen.

Besessen von der Idee des Wachstums, scheint sie sich dennoch hinter einem Zustand zwanghafter Jugendlichkeit zu verschanzen und ist deshalb unfähig, volle Reife zu erlangen, das Ziel jeder organischen Entwicklung. Keine Form industrieller Zonierung noch irgendeine ihr verschriebene Transportpolitik, ob öffentlich oder privat, kann ernsthaft die Verschwendung von Land, Energie und Zeit reduzieren, die durch sie entsteht. Sie selbst ist der wichtigste Grund für die Vergeudung von Land, Zeit und Energie.

Megastrukturelle und monokulturelle Zonierung ganzer Regionen und Kontinente sind das vergrößerte Spiegelbild städtischer Zonierung. Die logistischen, ökologischen und sozialen Probleme, die aus derartigem Gigantismus erwachsen, sind die gleichen, wie sie von der urbanen Zonierung herrühren, allerdings proportional vergrößert.

Die verheerendsten Folgen regionaler Zonierung finden wir in der ehemaligen Sowjetunion. Obwohl die Verbindung zwischen ökologischer Ausbeutung und kultu-

VON KLEINER zu GROSSER FAMILIE

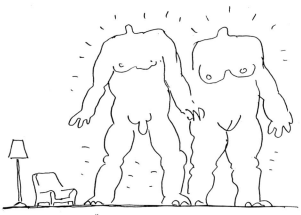

MONSTRÖSE FORM VON WACHSTUM
Groteske FETTSUCHT

ORGANISCHES WACHSTUM
VERVIELFÄLTIGUNG

reller Verwüstung in totalitären Regimes häufig leichter sichtbar ist, befinden sich die heruntergekommenen Bezirke vieler nordamerikanischer Städte in einem nicht minder dramatischen Prozeß des Niedergangs.

Diese Zivilisationskatastrophen zeigen deutlich die Sackgasse, in die jeglicher Kollektivismus führt. Traditioneller Städtebau, Mannigfaltigkeit und Nähe verschiedenartiger Nutzungen, benachbarte Grundstücke von unterschiedlicher Größe und Funktion sind Werkzeuge, ohne die eine auf persönliche Verantwortung, Unternehmertum und freie Marktwirtschaft gegründete Gesellschaft keine zivilisierten Städte und Dörfer bauen kann.

*

*   *

BEBAUUNGSPLAN ZUR ERGÄNZUNG DER „FEDERAL CITY" VON WASHINGTON, D.C., FÜR DAS JAHR 2000, L.K., 1985. Bis heute wohnt und arbeitet im Regierungsviertel („Federal City") von Washington nur eine einzige Familie: die des amerikanischen Präsidenten (oben). Dieser Stadtteil soll in vier unabhängige Viertel geteilt werden und durch ein urbanes Netz von zwei- bis vierstöckigen Blocks ergänzt werden (unten), die Wohnungen für sämtliche Regierungs- und Verwaltungsangehörige und deren Familien schaffen und zu Fuß innerhalb von fünf Minuten erreichbar sind. Der neue zentrale Kanal und See, eingebettet in weißen Floridasand, geben dem zerstückelten, monumentalen Viertel räumliche Einheit (siehe folgende Doppelseite).

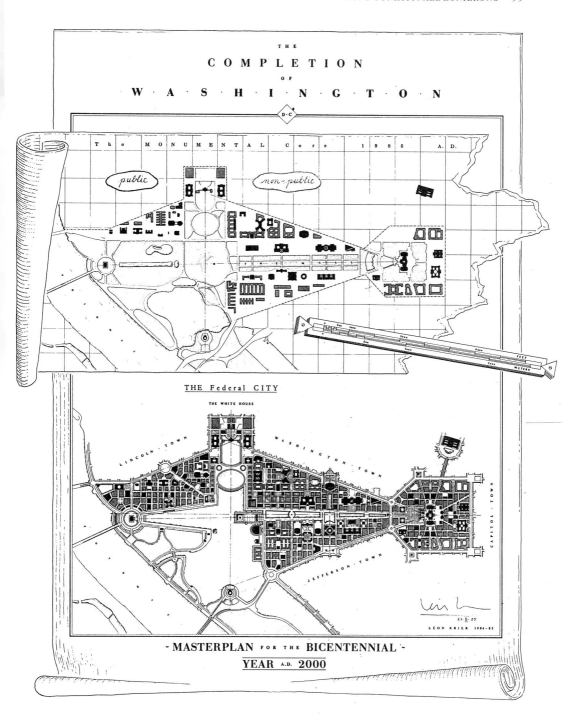

THE
COMPLETION
OF
W·A·S·H·I·N·G·T·O·N
D.C.

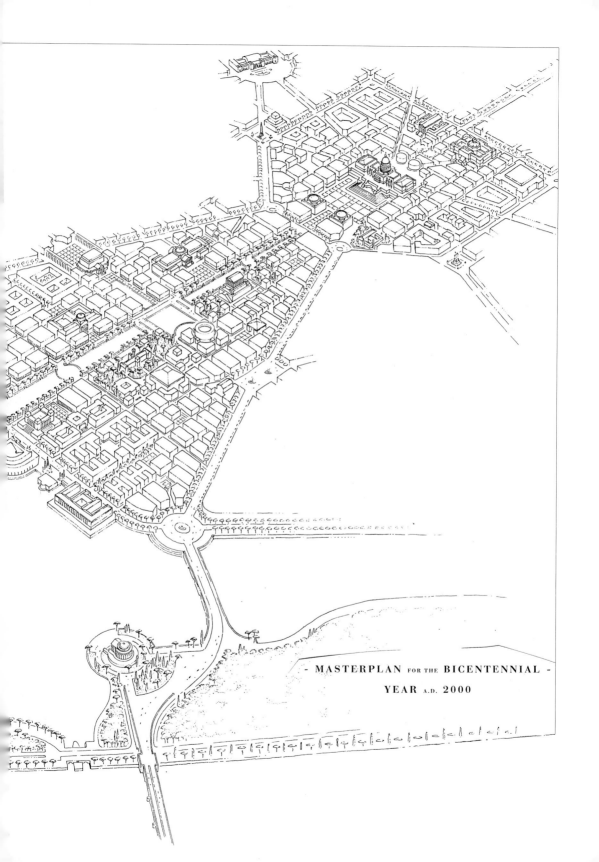

- MASTERPLAN for the BICENTENNIAL -

YEAR A.D. 2000

STADT & PARASIT

ORT ohne VORORT

ORT mit VORORT

VORORT ohne ORT

DIE URBANISIERUNG DER VORORTE
Neue Möglichkeiten der Stadtentwicklung
und das innere Wachstum der Städte

Der „Stoffwechsel" zwischen Vorort und Zentrum scheint durch artbedingte Kor-
rosion zum Scheitern verurteilt. Dieses Schicksal muß jetzt ins Gegenteil verkehrt
werden, um neuen Formen der Barbarei vorzubeugen. Die obligatorische Mobilität
der Vorstadt-Massen stellt inzwischen eine Bedrohung für Stadt und Land dar. Diese
moderne Plage kann nur durch die Entwicklung urbaner Zivilisation innerhalb der
Vororte bekämpft werden. Die städtische Wirtschaft wird nicht mehr durch Expansion in das Umland oder die Überentwicklung historischer Stadtkerne wachsen,
sondern durch Neustrukturierung, Komplettierung und inneres Wachstum der Vororte. Dies ist das Ziel einer reifen, d. h. ökologischen Zivilisation. Diese Umgestaltung der Vororte wird durch die Abschaffung der Praktiken funktionaler Zonierung,
durch radikale Revision städtischer Flächennutzungspläne und Entwicklungsprogramme ermöglicht.

Die polyzentrische Neuordnung von Städten, das heißt die Umgestaltung von
unterentwickelten Stadtrandgebieten in eigenständige Stadtviertel und Dörfer, wird
sich als Motor für einen Prozeß territorialer Umwandlung, inneren Wachstums und

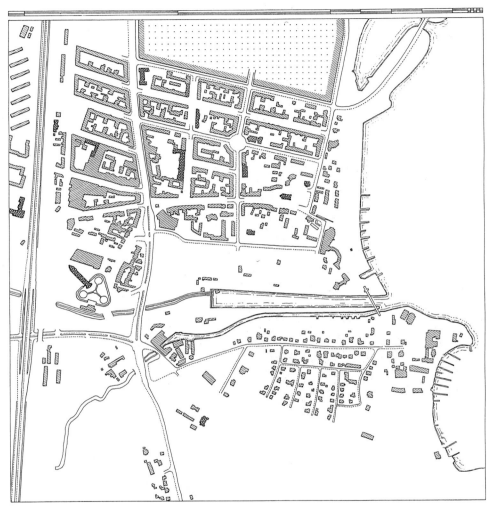

BERLIN, DER BEZIRK TEGEL, L.K., ZUSTAND 1980. Dieser Berliner Vorort besteht aus grundverschie-
denen städtischen und vorstädtischen Fragmenten. Er wird im Osten von der Autobahn Berlin-
Hamburg, im Süden von den Borsigwerken, im Westen von der Havel und im Norden vom Tegeler
Wald begrenzt.

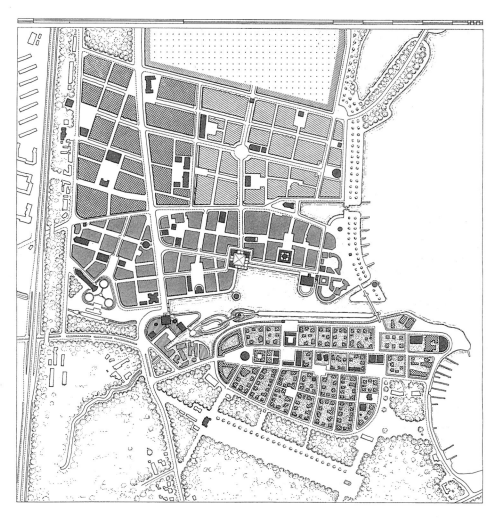

BERLIN, BEBAUUNGSPLAN FÜR DIE URBANISIERUNG DES BEZIRKS TEGEL, L.K., 1980. Aufteilung in vier unabhängige Stadtviertel, deren Wachstum sich wie bei traditionellen Städten nach einer jedem Stadtteil eigenen morphologischen, typologischen und geometrischen Ordnung vollzieht.

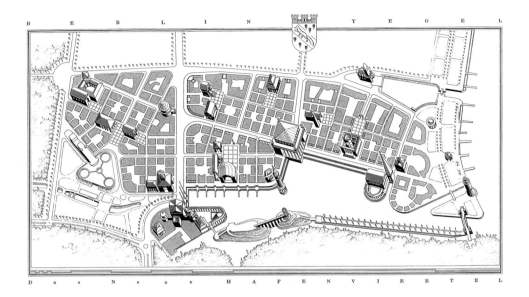

TOURISTENPLAN DES NEUEN HAFENVIERTELS VON BERLIN-TEGEL, L.K. 1980. Nur öffentliche Gebäude mit monumentalem Charakter sind dreidimensional dargestellt. Stadtsilhouette und Plan sind ausschließlich von den klar erkennbaren Umrissen kommunaler Bauten beherrscht.

einer neuen Blüte der Vororte erweisen. Sie wird Massenwohnviertel und Bungalow-siedlungen von immenser Ausdehnung und monofunktionale Komplexe für Verwaltung, Erziehung, Handel, Kultur und Industrie zu privilegierten Objekten der Stadt-erneuerung zu machen. In diesen ökologischen Notstandsgebieten werden neue Entwicklungspläne und -programme all die Funktionen und Aktivitäten erlauben und fördern, welche für die Autonomie eines Stadtviertels notwendig sind.

Neuordnung und Rekonstruktion fehlstrukturierter Zonen werden sowohl das offene Land wie die bestehenden historischen Zentren von dem üblichen Entwick-lungsdruck befreien; sind es doch gerade die historischen Zentren, die bereits einen optimalen Entwicklungsgrad hinsichtlich Dichte, Form und Funktionen erreicht haben. Sie sind bis heute die einzig wirklichen Zentren einer zivilisierten urbanen Gesellschaft, nehmen jedoch nur eine verschwindend geringe Fläche ein im Ver-gleich zu den Vororten mit ihrer enormen Ausdehnung.

Die Entwicklungsaufgaben in historischen Zentren sollten nach folgenden Krite-
rien neu formuliert und begrenzt werden: Arrondierung von zerfransten Stadträn-
dern und Vervollständigung von schlecht entwickelten oder zerstörten Teilen mit
Hilfe von Block-, Parzellen- und Gebäudetypologien, Straßen und Platzformen, Bautechniken und -materialien und einer Architektur, die mit der spezifischen Eigenart
des Ortes harmoniert; Verdrängung der monofunktionalen Kolosse für Handel, Verwaltung, Wohnen, Kultur, Industrie; Anpassung von Bau- und Bevölkerungsdichte
und Nutzungen an die strukturellen Bedürfnisse des jeweiligen Viertels; Wieder-
ansiedlung des gesamten Spektrums städtischer Funktionen unter dem Aspekt ihrer
Erreichbarkeit zu Fuß.

Alle Maßnahmen der Pflege, Konservierung, Restaurierung und Wiederherstellung sollten unter Anwendung traditioneller Bautechniken, Materialien und Formen
ausgeführt werden.

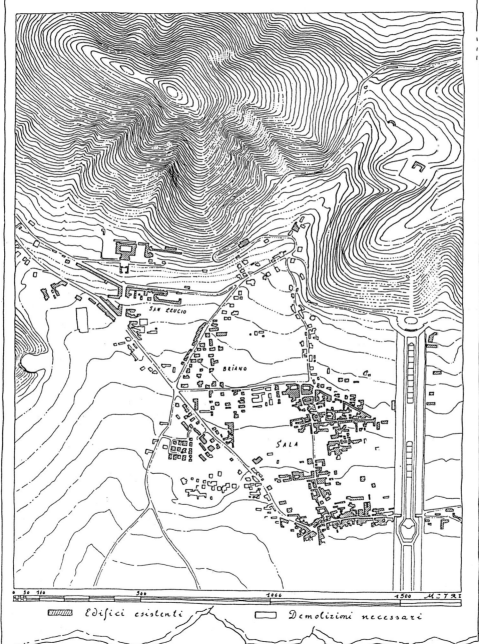

~ Sanleuciobrianosala ~
Stato di Fatto

SAN LEUCIO

BRIANO

SALA

0 50 100   500   1000   1500   METRI

▨▨▨ Edifici esistenti   ☐ Demolizioni necessari

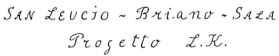

SAN LEUCIO ~ BRIANO ~ SALA
Progetto L.K.

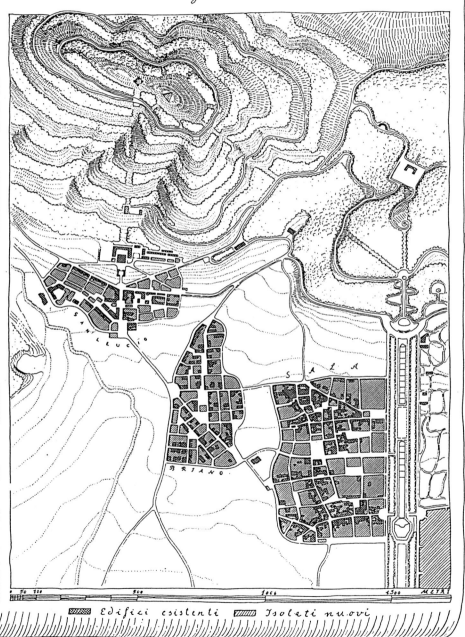

0 50 100   500   1000   1500   METRI

Edifici esistenti   Isolati nuovi

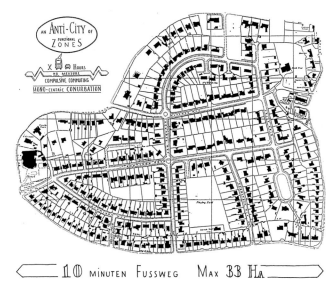

Typischer Ausschnitt eines ausschließlich zu Wohnzwecken genutzen Vorortes.

NOTWENDIGKEIT EINER REFORM
DER ENTWICKLUNGSPROGRAMME

Die Mehrzahl sogenannter moderner „Entwicklungsprogramme", etwa für den Sozialen Wohnungsbau, für Einkaufszentren, Gewerbeparks, Schulanlagen etc., entspringt in der Regel weniger der klaren Vorstellung, wie die Stadt im Endeffekt aussehen sollte, als gängigen Mustern für Entwicklung, Produktion, Finanzierung, Verwaltung und Management. Sie beinhalten daher unweigerlich horizontale oder vertikale Überkonzentrationen einer bestimmten Nutzung in einer einzigen Stadtzone, einem Gebäudekomplex oder unter einem Dach. Die geradezu symbolische Dürftigkeit der meisten aktuellen Bauvorhaben ist das direkte und logische Ergebnis ihrer vorprogrammierten funktionalen Eintönigkeit.

Dichte, Funktion, Lage, im weitesten Sinne auch die Form und Art dieser Bauten sind so bereits festgelegt, bevor sie auf dem Tisch des Architekten landen. Viele Architekten sind sich zwar der Tatsache durchaus bewußt, daß sie aufgrund dieser Programme keine echten Städte und Dörfer bauen können, als selbständig arbei-

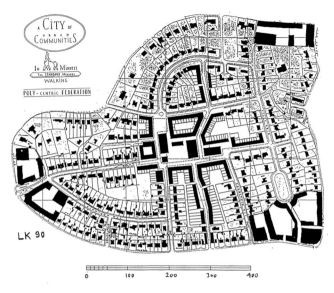

Umgestaltung durch funktionale und typologische Vielfalt.

tende Individuen können sie sie jedoch nicht kritisieren oder gar verändern, ohne ihre Aufträge zu gefährden.

Die übliche funktionale Uniformität der meisten modernen Bauaufgaben stellt auch den besten Architekten vor eine sehr begrenzte Auswahl künstlerischer Aussagen; entweder wird er die Eintönigkeit brutal, weil ehrlich zum Ausdruck bringen, oder aber es gelingt ihm, mit formalistischen, weil typologisch nicht begründeten Spielereien die immanente Natur des Objekts zu verleugnen. Formale Armut oder Kitsch, Abstraktion oder Karikatur sind dabei die unvermeidlichen Resultate.

Der symbolische Reichtum wirklich urbaner Architektur beruht auf Nähe und Dialog einer größtmöglichen Vielfalt privater und öffentlicher Nutzungen sowie der künstlerischen Gestaltung von Stadtkörper und Stadträumen, im Ganzen wie im Detail, in Plan und Silhouette. Wenn wir erwarten, daß Baustellen in Zukunft zur Verschönerung und Aufwertung unserer Städte, Dörfer und Landschaften beitragen, anstatt deren Häßlichkeit und Chaos zu mehren, müssen neue Entwicklungsprogramme geeignete Maßnahmen beinhalten, die die strukturellen Mängel der Stadtrandgebiete beseitigen und sie dadurch zu echten Stadtvierteln und Dörfern aufwerten.

DER BEBAUUNGSPLAN (MASTERPLAN) – EINE DEFINITION

Grundriß, Silhouette und Architektur eines Stadtviertels werden durch den Bebauungsplan (Masterplan) festgelegt. Anders als ein architektonischer Entwurf ist er die Vorbedingung für die Eingliederung unzähliger einzelner Projekte in eine kohärente urbane Vision, das notwendige Instrument, um die Harmonie des Ganzen zu garantieren.

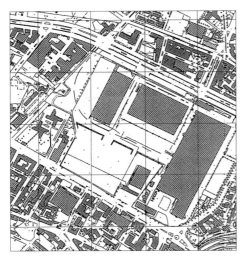

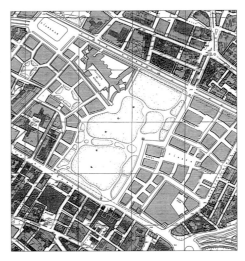

PLAN DES DERZEITIGEN ZUSTANDS. Das FIAT-Gelände liegt im Zentrum. Der Abriß der Fabrik begann 1997.

BEBAUUNGSPLAN FÜR FLORENZ-NOVOLI, L.K., 1993. Neue Gebäudefluchten. Die bestehenden Bauten sind dunkel schraffiert.

BEBAUUNGSPLAN FÜR FLORENZ-NOVOLI, L.K., 1993. Aufgrund seiner industriellen Vergangenheit hat dieser nordöstlich von Florenz gelegene Vorort ein dürftiges, labyrinthartiges Straßennetz. Seine Grundfläche ist größer als die des historischen Zentrums, und doch findet man hier keinen einzigen öffentlichen Platz! Dieser ausufernde, triste Vorort ist nicht nur in Struktur und Erscheinung willkürlich und chaotisch, er hat auch keine ablesbaren Grenzen, sein Zentrum wird durch riesige Fabrikgebäude beherrscht. Der Rahmenplan (*piano guida*), dem alle Behörden in Stadt, Region und Provinz zustimmten, sieht die Umgestaltung dieser suburbanen Zone in 14 selbständige Blocks vor. Er beinhaltet nur wenige und sehr allgemeine Vorschriften, denn die Erfahrungen mit den *piani regolatori* während der letzten dreißig Jahre in Italien haben gezeigt, daß es nicht ein Mangel an Vorschriften ist, sondern deren übermäßige Komplexität und unübersehbare Anzahl, die zu *abusivismo*, zu Mißbräuchen und Ausnahmeregelungen, geführt haben, die heute zur Regel geworden sind.

Er ist weit mehr als ein technisches Werkzeug: Zu viele technisch perfekte Bebauungspläne der Nachkriegszeit haben zum exakten Gegenteil ihrer eigentlichen Absicht geführt. Ein Übermaß an willkürlichen Vorschriften bewirkt zunächst Tyrannei und schließlich allgemeine Ablehnung. Ein Übermaß an Komplexität gibt Anlaß zu Unmengen möglicher Interpretationen und Abweichungen. Es zählt vor allem die Philosophie, das Endziel eines Bebauungsplanes, denn Bebauungspläne an sich bieten keine Garantie gegen monumentale Irrtümer. Vergegenwärtigen wir uns zunächst einige besonders bemerkenswerte Beispiele.

In den Vereinigten Staaten ist im LOOP, dem Business-Viertel von Chicago, eine bauliche Dichte zulässig, die dem Büroflächenbedarf in den ganzen USA entspricht. Würde man in Italien, dessen Gesamtbevölkerung zur Zeit etwa 57 Millionen Einwohner beträgt, alle Stadtregulierungspläne zusammenfassen, könnte man über 180 Millionen Italiener in Ansiedlungen mittlerer oder niedriger Dichte unterbringen. Ebenfalls in den Vereinigten Staaten hätte im Jahr 1935 die Baudichte des in der Stadt New York zur Verfügung stehenden Baulandes ermöglicht, die Bevölkerung des gesamten Planeten im Stadtgebiet unterzubringen.

Der Bebauungsplan ist für den Aufbau einer Stadt das, was die Verfassung für das Leben eines Staates bedeutet. Er ist damit viel mehr als ein spezielles technisches

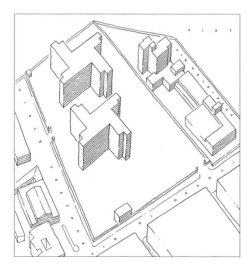

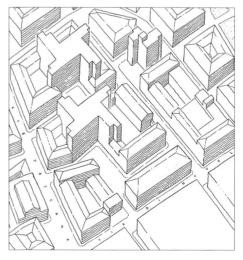

DERZEITIGER ZUSTAND   KRIER-PLAN

SANTURCE

VERVOLLSTÄNDIGUNG
VON SANTURCE, SAN
JUAN, L.K., 1988.
Diese Vorstudie für einen Bebauungsplan des größten Viertels von San Juan, Puerto Rico,
wurde von der Senatorin Vic-
toria Muñoz-Mendoza in Auftrag gegeben. Sie beinhaltet die
Ergänzung und Urbanisierung
von 27 heruntergekommenen
Stadtvierteln, wobei jeweils ein
neuer zentraler Platz entsteht.
Jedes Viertel erhält seine eigene Identität und Unabhängigkeit, die auch symbolisch zum
Ausdruck gebracht wird.
Funktionale Selbständigkeit
wird durch unabhängige Einrichtungen und Infrastruktur
gewährleistet.

PUERTO RICO

DAS VIERTEL
„LUIS LLORENS TORRES",
IN SANTURCE.
Das vorhandene Schema dieser
Vorstadtsiedlung ist durch verstreute, fehlgeplante Wohnblöcke
und Flächenvergeudung charakterisiert. Das Projekt schlägt eine
radikale Verringerung des öffentlichen Raumes von 80 auf 32 Prozent der gesamten Grundfläche
vor. Die privatisierten Flächen
werden nach traditionellem
Muster in Parzellen unterteilt, die
den vorhandenen Gebäudetypen
angegliedert werden. Die Erdge-
schoßflächen können gewerblich
genutzt werden. Neue zwei- bis
dreistöckige Gebäude und Gartenmauern sind so plaziert, daß sie
die bestehende Bebauung zu ein-
heitlichen Blocks ergänzen.

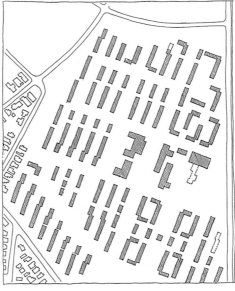

BESTEHENDE BAUTEN

⟨══ MAXIMUM 10 Minuten FUSSWEG ══⟩

NEUE ÖFFENTLICHE und PRIVATE BAUPARZELLEN

ÖFFENTLICHER RAUM = 32% des STADT-VIERTELS

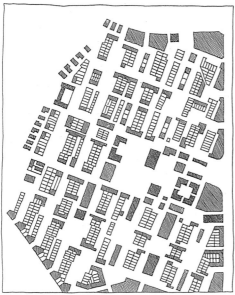

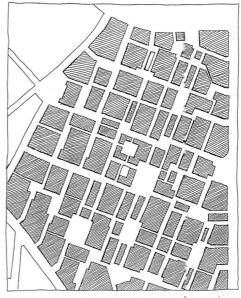

▨ NEUE PRIVATE GÄRTEN & GEBÄUDE
▩ NEUE ÖFFENTLICHE GEBÄUDE

NEUE BLOCKSTRUKTUR INTEGRIERT
BESTEHENDE und NEUE GEBÄUDE

Instrument, denn er ist gleichzeitig Ausdruck einer ethischen und künstlerischen Vision. Der Masterplan stellt die gesetzgebende Form einer solchen Vision dar. Er ist geometrischer Ausdruck und notwendige Ergänzung des Gesetzes.

Um seine Wirksamkeit zu garantieren, muß er die rudimentäre Einfachheit moralischer Grundsätze haben. Er betrifft folgende fünf Bereiche:

1. den Stadtgrundriß, der Größe und Form seiner Stadtviertel und Parks, das Netzwerk von großen Alleen und Boulevards festlegt;

2. den Plan eines jeden Viertels, der das Straßennetz, Plätze und Häuserblocks definiert;

3. die Form der einzelnen Grundstücksparzellen in jedem städtischen Block: Anzahl, Form und Funktion der möglichen Baugeschosse auf jeder Parzelle;

4. den architektonischen Kodex, der Material, Technik, Form und Proportionen der außenliegenden Bauelemente (Mauern, Dächer, Fenster, Türen, Arkaden, Portici und Veranden, Gartenmauern, Schornsteine) und alle für die Öffentlichkeit sichtbaren Elemente festlegt;

5. den Kodex für den öffentlichen Raum, der Materialien, Techniken und Formen, der Pflasterung, Straßenmöblierung, Ampeln, Beschilderung, Beleuchtung und Anpflanzungen definiert.

Ziel dieser Regelwerke ist die Verbesserung der normalen, alltäglichen und notwendigen Bauvorhaben, um eine qualitätvolle „konventionelle" Architektur zu schaffen und die routinemäßige Ausführung von Zweckbauten mittels lang erprobter, traditioneller Bauweisen und -typen zu fördern. Besonderer architektonischer Ausdruck und künstlerische Rhetorik dagegen sollten öffentlichen Gebäuden und der Verschönerung der wichtigsten öffentlicher Räume vorbehalten bleiben.

Auf diese Weise muß der Bebauungsplan nicht nur den Ausgleich oft voneinander abweichender Interessen, sondern auch die Darstellung des natürlichen Unterschieds zwischen privater und öffentlicher Architektur sicherstellen. Allein durch diese Logik und Dialektik können auch heute Orte, das heißt Straßen, Plätze und Bauten, entstehen, welche wir eines Tages wieder als „historische Zentren" bezeichnen werden.

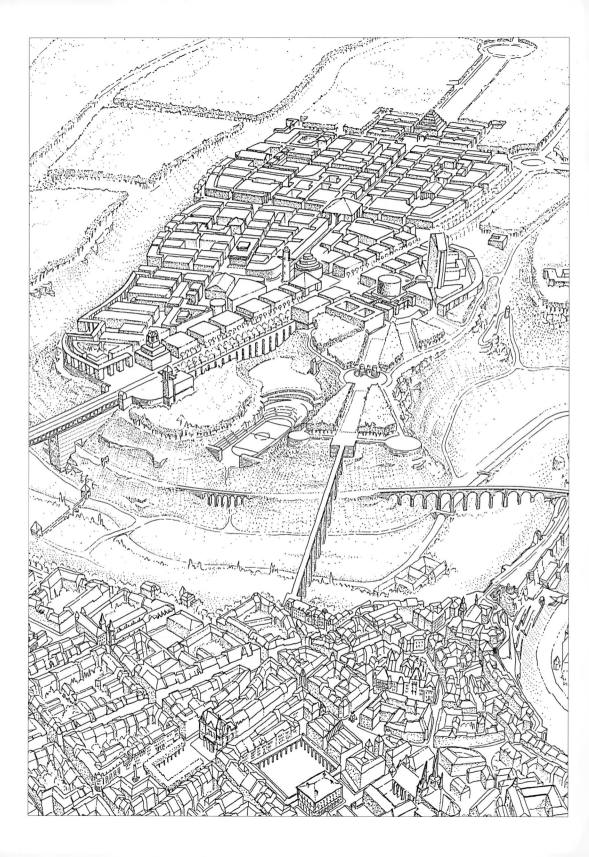

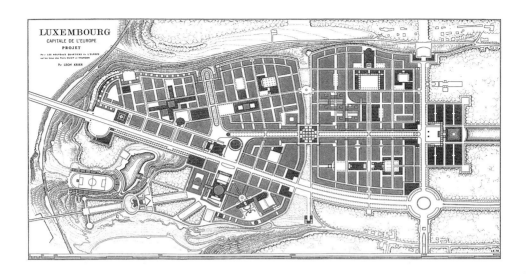

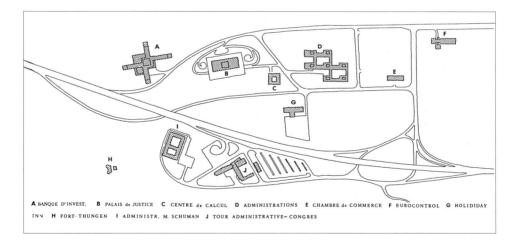

A BANQUE D'INVEST.   B PALAIS de JUSTICE   C CENTRE de CALCUL   D ADMINISTRATIONS   E CHAMBRE de COMMERCE   F EUROCONTROL   G HOLIDIDAY INN   H FORT-THUNGEN   I ADMINISTR. M. SCHUMAN   J TOUR ADMINISTRATIVE–CONGRES

BEBAUUNGSPLAN FÜR DIE URBANISIERUNG DES GELÄNDES DER EUROPÄISCHEN INSTITUTIONEN, PLATEAU KIRCHBERG, LUXEMBURG, L.K., 1978. Dieser Gegenentwurf aus den Jahren 1974 bis 1978 kritisiert die verheerenden Auswirkungen monofunktionaler Zonierung (Vago-Plan) in Luxemburg-Stadt. Der Masterplan sieht eine beträchtliche Verringerung der bebaubaren Fläche innerhalb des Stadtgebietes und die Erstellung von 27 autonomen Vierteln vor, die jeweils nicht mehr als 33 ha Fläche (die Größe des historischen Zentrums) aufweisen, und verhindert die Gebietszonierung, um inneres Wachstum und räumlichen Abschluß jedes Viertels zu fördern, vor allem von Kirchberg, das hier dargestellt ist. Unten: Zustand 1978.

DER BEBAUUNGSPLAN,
EIN INSTRUMENT VON ÖFFENTLICHEM INTERESSE

In Europa haben die Behörden seit Jahren ihre Rolle als Auftraggeber im Bereich von Architektur und Stadtplanung aufgegeben; selbst in Frankreich beschränken sich die „grands travaux" auf wenige Prestigeunternehmen.

Wenn also die freie Marktwirtschaft unsere Umwelt weitgehend bestimmt, so müssen wir uns fragen, ob sie überhaupt in der Lage ist, öffentlichen Raum zu schaffen. In der Tat könnte es sein, daß die Mehrzahl der durch marktwirtschaftliche Initiativen entstandenen Gebäude in Zukunft nichts anderes sein wird als eine Kette privater Liegenschaften mit begrenztem Zugang für die Öffentlichkeit, wie Einkaufszentren, Schulen, Wohnungsblocks, „Gated communities" (exklusive Wohnviertel) sowie die Infrastruktur des Verkehrs (Straßen, Bahnhöfe, Flughäfen).

Zweitens erhebt sich die Frage, ob bereits bestehende öffentliche Räume, wie Straßen, Plätze, Parks (alles bedeutende öffentliche Kapitalien), die sich über Jahrhunderte hinweg so organisch entwickelt und vollendet haben, daß ihre Existenz den meisten Europäern zur zweiten Natur geworden ist, in einer Marktwirtschaft überle-

PANORAMA DES NEUEN EUROPÄISCHEN VIERTELS, PLATÉAU KIRCHBERG, LUXEMBURG, L.K , 1978

ben können, die nicht das Gemeininteresse im Blick hat, sondern primär von privaten Interessen und Streben nach Rentabilität geleitet wird.

Es erweist sich immer wieder, daß private Investoren, Stiftungen und Einrichtungen, wie gut ihre Absichten auch sein mögen, nicht in der Lage sind, öffentliche Räume zu planen und zu erhalten, die einen gleichwertigen Rang wie die gewachsenen Zentren europäischer Städte erreichen. Wiewohl Wirtschaft und Handel den Grundpfeiler des öffentlichen Lebens darstellen, sind qualitätvolle öffentliche Räume kein automatisches Nebenprodukt ihrer Aktivitäten. Deren Bau und Erhaltung sind in erster Linie eine Angelegenheit des öffentlichen Interesses, des Bürgerengagements und des Gemeinschaftslebens.

Auch in den Vereinigten Staaten bleibt die Gestaltung der meisten öffentlichen Räume ganz dem Privatsektor überlassen. Öffentliche Gelder hingegen, die eigentlich für deren Ausbau und Unterhalt dringend benötigt würden, versumpfen im Morast einer hypertrophen Wohlfahrtsbürokratie. In totalitären Regimes wiederum hat die Aufblähung des öffentlichen Sektors auf Kosten des privaten zur allgemeinen Auflösung der Vorstellung von Öffentlichkeit selbst geführt.

Private Investoren sind in erster Linie am kommerziellen Aspekt öffentlicher Räume interessiert. Schon aus diesem Grund kommen sie nicht als Verfasser von Bebauungsplänen für großflächige städtische Grundstücke in Frage. Genau dies hat sich allerdings als gängige Praxis in allen entwickelten Industriestaaten durchgesetzt. Doch der Bebauungsplan ist Sache von Gesetzgebung und Verfassung. Wenn Architekten und Planer jedoch im Auftrag von Privatunternehmen arbeiten, sind sie naturgemäß an deren private Interessen gebunden und aufgrund dieser Abhängigkeit nicht als „Gesetzgeber" qualifiziert. Denn im technischen Sinne und damit im eigentlichen Wortsinn muß der Verfasser eines Masterplans die Unabhängigkeit des Gesetzgebers besitzen, dessen Loyalität allein dem öffentlichem Interesse gilt und nicht den Interessen privater Aktionäre.

Wenn nun weder das freie marktwirtschaftliche Kräftespiel noch staatlicher Zentralismus fähig sind, echten öffentlichen Raum zu schaffen, sind die Behörden gut beraten, Bebauungspläne bei unabhängigen Experten in Auftrag zu geben. Diese, um es noch einmal zusammenzufassen, müssen nämlich eine dreidimensionale Synthese erstellen, ein gesetzgeberisches, öffentliches Rahmenwerk für eine optimale Entfaltung privater Interessen und Selbständigkeit.

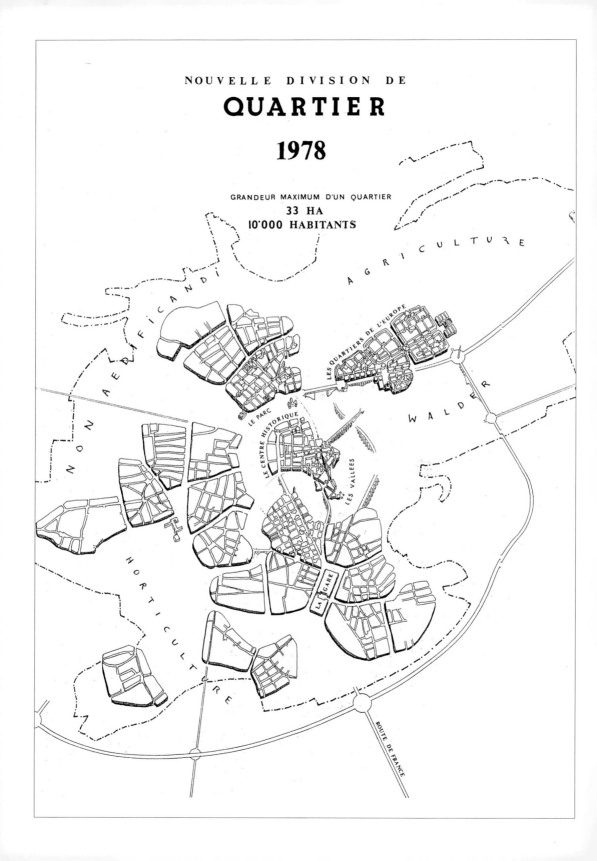

NOUVELLE DIVISION DE

QUARTIER

1978

GRANDEUR MAXIMUM D'UN QUARTIER
33 HA
10'000 HABITANTS

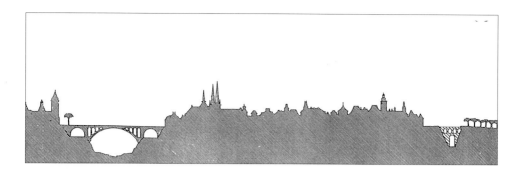

DIE NEUEN EUROPÄISCHEN VIERTEL IN LUXEMBURG, VON PFAFFENTHAL AUS GESEHEN, GEGEN-ENTWURF, L.K., 1978. Die außergewöhnliche geographische Lage der Stadt Luxemburg, die durch einen Archipel selbständiger, durch tiefe Schluchten und Täler von einander getrennter Viertel gebildet wird, beweist de facto die Fundiertheit der Theorie der „Stadt in der Stadt". Die für Bauzwecke ungeeigneten Flächen, die für Wald-, Landwirtschaft und Hortikultur genutzt werden, sind von einem dichten Netz von Spazier- und Reitwegen durchzogen.

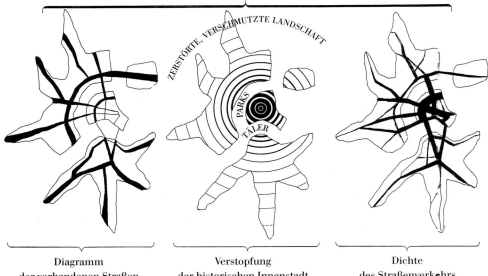

VERSTOPFTES SYSTEM

ZERSTÖRTE, VERSCHMUTZTE LANDSCHAFT

PARKS

TÄLER

Diagramm
der vorhandenen Straßen

Verstopfung
der historischen Innenstadt
durch wuchernde Vorstädte

Dichte
des Straßenverkehrs

STÄDTE IN DER STADT

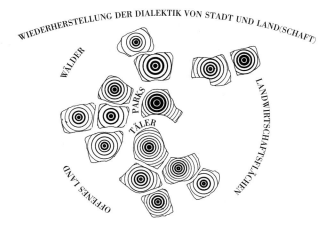

WIEDERHERSTELLUNG DER DIALEKTIK VON STADT UND LAND(SCHAFT)

WÄLDER

PARKS

TÄLER

OFFENES LAND

LANDWIRTSCHAFTSFLÄCHEN

LK 78

DIE PERIPHERIE MUSS IN VIELE AUTONOME STÄDTE
UMGEWANDELT WERDEN

V

DIE
POLYZENTRISCHE STADT
URBANER
GEMEINSCHAFTEN

DIE STADT IN DER STADT

STRUKTURELLE KOMPONENTEN

STRUKTUR UND FORM EINES STADTVIERTELS

GEOMETRIE DES STRASSENNETZES

DIE LAGE VON GEBÄUDEN AN PLÄTZEN,
STRASSEN UND WOHNBLOCKS

TYPUS, FORM UND CHARAKTER
STÄDTISCHER RÄUME

EINPARZELLIGE BLOCKS, MEHRPARZELLIGE BLOCKS
UND IHRE ARCHITEKTUR

DIE HIERARCHIE ÖFFENTLICHER RÄUME
UND DES VERKEHRS

DIE POLYZENTRISCHE ZONIERUNG
VON FUNKTIONEN

DIE HÖHE VON BAUWERKEN

KRITISCHE PROBLEME DER BAUDICHTEN

KÜNSTLICHE BELEUCHTUNG
VON ÖFFENTLICHEN RÄUMEN

DIE STADT IN DER STADT

Es wird häufig vergessen, daß hierzulande Städte und Landschaften nicht durch chaotische, unkontrollierte und unkontrollierbare Aktivitäten verändert werden, sondern durch politische, juristische und andere Entscheidungen, die die Bau- und Wohndichte, die Parzellierung, die Nutzung, die Gebäudefronten und Höhen bestimmen und damit letztendlich ihre Form, ihre Erscheinung und ihre Bedeutung. Selbst sehr komplexe, Stadt und Landschaft bestimmende Prozesse sind reversibel. Struktur und Erscheinung von Städten und Landschaften sind das Resultat von Ideen und Entscheidungen. Fatalismus führt jedoch zu Zynismus und konzeptioneller Verwirrung, zu Wahllosigkeit und Fehlentscheidungen. Doch wir dürfen diese Angelegenheiten nicht länger den Experten überlassen, sie müssen sich nach so vielen Irrungen dem demokratischen Wahl- und Entscheidungsprozeß öffnen.

Stadt und Land unterscheiden sich grundlegend in ihrer Konzeption. Wie alle natürlichen Organismen muß eine Stadt eine klare Begrenzung aufweisen, eine minimale und maximale Größe hinsichtlich Grundfläche und Volumen, Grundriß und Silhouette, hinsichtlich der Einwohnerzahl, die sie aufnehmen kann, und der Tätigkeiten, die sie gestattet.

Wie ein Individuum, das zur Reife gelangt ist, kann sich eine „reife" Stadt nicht unendlich in vertikale und horizontale Richtung ausdehnen und vergrößern, ohne ihre wesentliche Qualität zu verlieren. Wie eine Familie von Individuen kann sie nur durch Reproduktion und Multiplikation wachsen, indem sie neue Zentren bildet. Der Baustein der polyzentrischen Stadt ist das autonome Stadtviertel, eine echte Stadt in der Stadt.

STRUKTURELLE KOMPONENTEN
Viertel, Bezirk, Stadt, Großstadt

Im Stadtviertel findet eine Gemeinschaft kollektiver und individueller Interessen ihren baulichen Ausdruck; dies ist die Basis aller echten Städte. Als Stadt in der Stadt besitzt es einerseits einen hohen Grad an Autonomie, bleibt aber auch Mitglied einer erweiterten „Familie", die den Bezirk bildet, die Stadt und schließlich die Metropole oder Großstadt. Es ist ein geographisches Zentrum, welches auf beschränktem Raum alle städtischen Funktionen umfaßt, die regelmäßig oder unregelmäßig genutzt werden, für Wohnen oder Freizeit, Funktionen öffentlicher und privater, kommerzieller, produktiver, institutioneller oder kultureller Art.

• Ein städtisches Viertel ist autonom, was die Ausstattung mit Kindergärten und Grundschulen, täglichen Einkaufsmöglichkeiten und Tagesmärkten angeht, ebenso in Bezug auf Beschäftigungsdichte (mindestens ein Arbeitsplatz, höchstens zwei Arbeitsplätze pro Wohnungseinheit), Gesundheitswesen und Kultur.

• Ein Bezirk ist in höchstens vier Viertel unterteilt.

• Ein Stadtbezirk ist autonom hinsichtlich der Versorgung mit höheren Schulen, Märkten und wöchentlichen Einkaufsmöglichkeiten ebenso wie mit Verwaltungs-, Dienstleistungs- und Kultureinrichtungen auf lokaler Ebene.

• Eine bestimmte Anzahl von Stadtbezirken ergibt eine Stadt.

• Eine Stadt ermöglicht die Deckung des monatlichen oder saisonalen Bedarfs und besitzt Verwaltungs-, Dienstleistungs-, Sport- und Freizeiteinrichtungen auf regionaler Ebene.

• Eine bestimmte Anzahl von Städten bildet eine unabhängige Großstadt bzw. eine „Poly-Polis" von nationalem Rang.

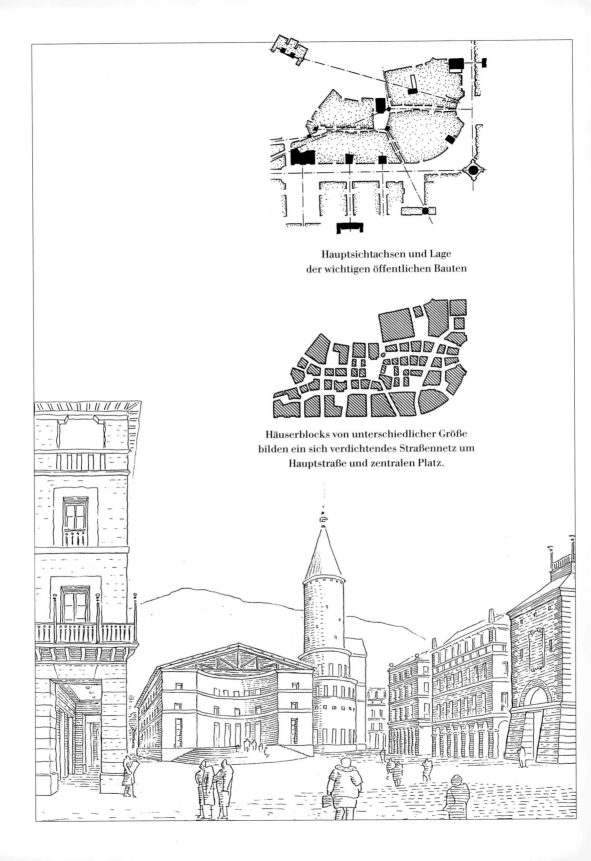

Hauptsichtachsen und Lage
der wichtigen öffentlichen Bauten

Häuserblocks von unterschiedlicher Größe
bilden ein sich verdichtendes Straßennetz um
Hauptstraße und zentralen Platz.

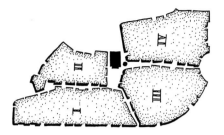

Stadthalle und Marktplatz
am Schnittpunkt der vier Stadtviertel

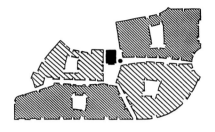

Lokale Plätze
im Inneren eines jeden Viertels

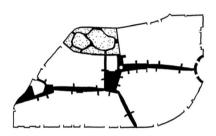

Fußgängerwege:
Parks, Straßen und Plätze

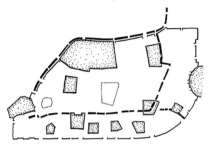

Gärten, Plätze
und öffentliche Parks

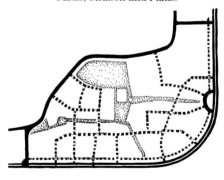

Hierarchie des Straßenverkehrsnetzes

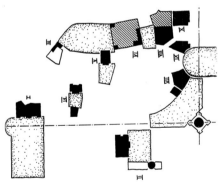

Wichtige öffentliche Einrichtungen
liegen an bedeutenden Plätzen
und Sichtachsen

LÉON und ROBERT KRIER, NEUE STADTVIERTEL IN VENTA-BERRI,
SAN SEBASTIAN, SPANIEN, 1990.

10 Minuten

STRUKTUR UND FORM EINES STADTVIERTELS

Es müßte das oberste Ziel einer ökologischen Stadtentwicklung sein, die Anzahl der täglich zwischen Arbeitsplatz, Wohnung, Schule, Läden und Freizeiteinrichtungen zurückgelegten Kilometer pro Einwohner nachhaltig zu reduzieren. Unter diesem Gesichtspunkt wird die Größe eines Viertels durch die täglich zumutbare Laufkapazität des Fußgängers definiert, da dieser innerhalb von maximal 10 Gehminuten alle Einrichtungen des täglichen oder wöchentlichen Bedarfs erreichen sollte, ohne Verkehrsmittel benutzen zu müssen. Ein solches Gebiet hat einen Durchmesser von etwa 500 bis 600 m und eine Fläche von ungefähr 33 ha.

Ein Stadtviertel sollte eine möglichst abgerundete Kontur haben, nicht ausgefranst, sondern klar umrissen sein.

Es sollte in jede Richtung eine Länge von 900 m nicht überschreiten.

Es sollte nicht mehr als 10 000 Einwohner und Benutzer aufnehmen.

Es sollte in eine klare Rangordnung von Straßen und Plätzen gegliedert sein, die Form eines regelmäßigen oder unregelmäßigen Schachbrettmusters aufweisen oder auf einer kohärenten Mischung beider Systeme beruhen.

Der urbane Charakter eines Viertels hängt nicht allein von der Dichte seiner Aktivitäten oder dem Volumen seiner Gebäude ab. Er verändert sich deutlich mit der Anzahl und den Dimensionen seiner Straßen, Plätze und Häuserblocks.

Die Grundfläche von Gebäuden und Häuserblocks sollte zum Zentrum hin abnehmen und sich zum Stadtrand hin vergrößern, so daß sich ein dichteres Straßennetz um den zentralen Platz ergibt. Denn durch das Zunehmen von Gassen und Straßenecken, Schaufenstern, Hauseingängen und Toreinfahrten wird Zentralität und Urbanität erzeugt.

Rechteckige Blöcke liegen quer zur Ausrichtung der Hauptstraßen, damit diese von einer Vielzahl von Nebenstraßen versorgt werden.

Jedes Viertel besitzt mindestens einen zentralen Platz und eine Hauptstraße, die das Rückgrat für ein Netzwerk von Straßen und Plätzen bilden.

Effizienz und Vielfalt eines Straßennetzes kann man an der Zahl seiner T-förmigen Straßeneinmündungen und -kreuzungen ablesen. Die Zahl der Straßenecken ist ein Indikator für Urbanität, die der Sackstraßen für ihr Fehlen.

Sackgassen und Einbahnstraßen sollten auf alle Fälle als System vermieden werden, außer bei ungewöhnlichen topographischen Situationen wie Bergrücken, Halbinseln etc. Während Sackstraßen regelrechte Löcher ins Straßennetz reißen, verringern die durch Einbahnstraßen hervorgerufene psychologische Desorientierung, systematische Wegeverlängerung und kurzzeitige Geschwindigkeitsbeschleunigung die tatsächliche Verkehrskapazität. Die daraus folgende Überlastung des Straßennetzes führt zu strukturellen Netzverstopfungen und Blockaden (Verkehrsinfarkt).

Das Sicherheitsgefühl im öffentlichen Bereich steigt mit der Effizienz des Straßennetzes.

Boulevards, Alleen, Prachtstraßen, große Plätze, Freiflächen, öffentliche Parks, Großmärkte, Sport- und Golfplätze sollten nicht innerhalb der Wohnviertel, sondern in ihren Randzonen angelegt werden.

Die Begrenzung eines Viertels sollte keine willkürliche administrative Linie sein, sondern Bestandteil der städtischen Wegestruktur: Etwa ein Boulevard, eine Prachtstraße, eine Promenade sollen natürliche oder künstlich geschaffene topographische Gegebenheiten, wie einen Fluß, See, Kanal, Strom oder Wald, eine Böschung, Autobahn oder Eisenbahntrasse, zu einem harmonischen Ganzen vereinen.

Die Stadtränder sollten als Promenaden mit guten Anschlüssen zu Wanderwegen und Pfaden angelegt sein, die Spaziergänge in die ländliche Umgebung ermöglichen, ohne Verkehrsstraßen einzubeziehen.

Das Abtragen von Hügeln, das Auffüllen von Tälern und die Begradigung von Böschungen sollte auf jeden Fall vermieden, die herausragenden Merkmale eines Ortes dagegen wirkungsvoll unterstrichen werden. Grundriß und Silhouette einer Stadt sollten die spezifischen topographischen Gegebenheiten vorteilhaft zur Geltung bringen und sogar dramatisieren.

*

*   *

MARKTPLATZ IM VIERTEL MIDDLE FARM, POUNDBURY, DORSET, L.K., 1989. In der ersten Bauphase von Poundbury wurden die Straßen unregelmäßig angelegt, so daß intime, angenehme Stadträume entstehen. Korridorähnliche Räume wurden dadurch vermieden. Nichtparallele, unvorhersehbare Geometrien erzeugen bei Autofahrern spontan ein rücksichtsvolles Fahrverhalten ohne den Einsatz der üblichen verkehrstechnischen Kinkerlitzchen.

GEOMETRIE DES STRASSENNETZES

In Europa werden Stadtgrundrisse durch zwei unterschiedliche geometrische Systeme bestimmt. Das am weitesten verbreitete System ist charakterisiert durch Straßen- und Platzfronten, die nicht parallel zueinander verlaufen, mit wechselnden Breiten, Höhen und Längen. Le Corbusier bezeichnete es als „die freie Geometrie des Eselpfades". Dieses System fügt sich harmonisch in die Landschaft ein, als wäre es völlig organisch aus ihr erwachsen.

Das zweite System ist charakterisiert durch parallele Straßen- und Platzfluchten auf der Basis einfacher, regelmäßiger geometrischer Figuren, die Städten und Landschaften ohne Rücksicht auf die vorhandene Geographie und Topographie künstlich aufgezwungen werden. Diese Methode ist bezeichnend für neu geplante Städte und Dörfer, während man die erstere mit natürlich gewachsenen Ansiedlungen, Dörfern und Weilern verbindet. In der Tat galten die gerade Linie, der rechte Winkel und einfache geometrische Formen lange Zeit als Inbegriff für Ratio, Effizienz, Fortschritt und Ästhetik – mit einem Wort: für Zivilisation.

Dies ist heute nicht unbedingt mehr der Fall: Zu oft wurde diese grobe Methodik ohne jede Rücksicht auf natürliche Gegebenheiten angewandt, um Flußläufe zu regulieren, Hügel abzutragen und Täler zu verbauen. Mit der Formulierung der Chaostheorie und der fraktalen Geometrie jedoch verfügt man über theoretische Modelle, welche fähig sind, die Ordnung und mathematische Rationalität extrem komplexer Formen und Figuren zu erfassen.

Je nach topographischen Gegebenheiten kann eine S-Kurve gegenüber einer geraden Linie die effizientere Verbindung zwischen zwei Punkten sein. Unabhängig davon bleibt unbestritten, daß perfekte Geraden und rechte Winkel philosophische Abstraktionen sind, denen man in der realen Welt nur in Form von Näherungswerten begegnet.

Dabei haben neuere Untersuchungen ergeben, daß die unregelmäßigen Wegenetze sogenannter „Spontangründungen" oft das Ergebnis bewußter rationaler und logischer Siedlungsprozesse sind. Beim Entwerfen von Orten sollten wir daher regelmäßige und unregelmäßige geometrische Systeme nicht mehr als widersprüchliche Grundsätze begreifen, sondern als einander ergänzende Methoden, die je nach Begebenheit ihre Daseinsberechtigung haben.

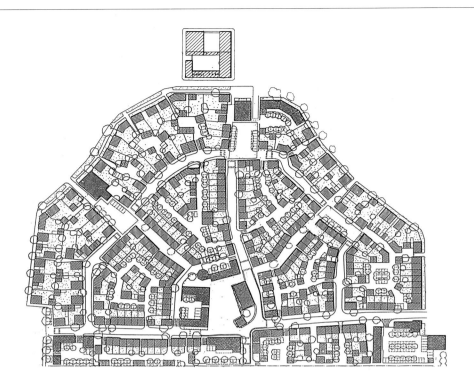

LÉON KRIER mit LIAM O'CONNOR, DIE NEUE STADT POUNDBURY, DORSET, 1989. Unten: Allgemeiner Bebauungsplan der vier neuen Stadtteile. Jedes der neuen Viertel besitzt eine Hauptstraße und seinen eigenen Marktplatz. Oben: Das Viertel Middle Farm, seit März 1994 im Bau, bildet die Abrundung der bereits bestehenden westlichen Vororte durch einen Stadtrand, ein urbanes Zentrum und Dienstleistungseinrichtungen, die in den westlichen Vororten fehlen. Jeder städtische Block ist in Parzellen aufgeteilt, die sich hinsichtlich Funktion und Dimensionen stark unterscheiden. Einrichtungen wie Schulen, Sportzentren oder Friedhof sind entlang den Plätzen, Alleen und Parks angelegt, die die vier Stadtviertel begrenzen.

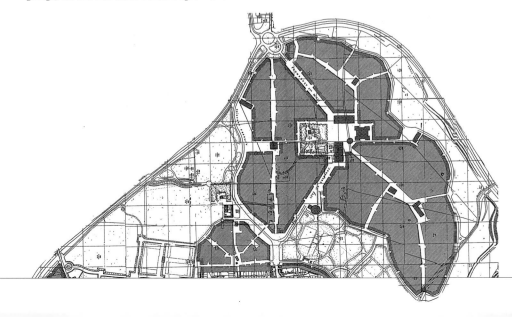

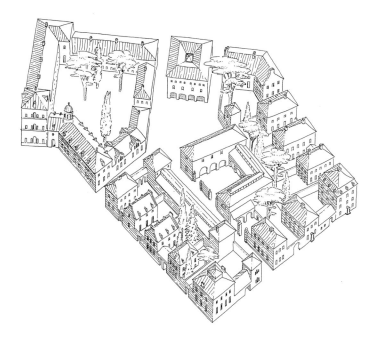

POUNDBURY, DORSET, L.K., 1989. Axonometrie und Schnitt eines typischen städtischen Blocks. Verschieden große benachbarte Grundstücke erlauben eine größtmögliche typologische Vielfalt. Häuser, Schulen und Geschäfte wechseln sich mit emissionsfreien Industriebetrieben ab. Autos (1 Pkw pro 20 qm Nutzfläche) werden in Höfen und entlang der Bordsteine geparkt. Über privaten Garagen darf ein benutzbarer, ausgebauter Raum liegen. Industriebetriebe und Werkstätten sind um private, durch Mauern abgetrennte Parkplätze und Höfe angeordnet.

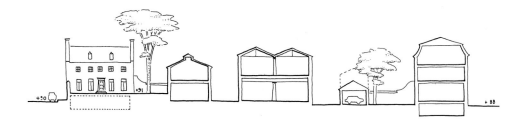

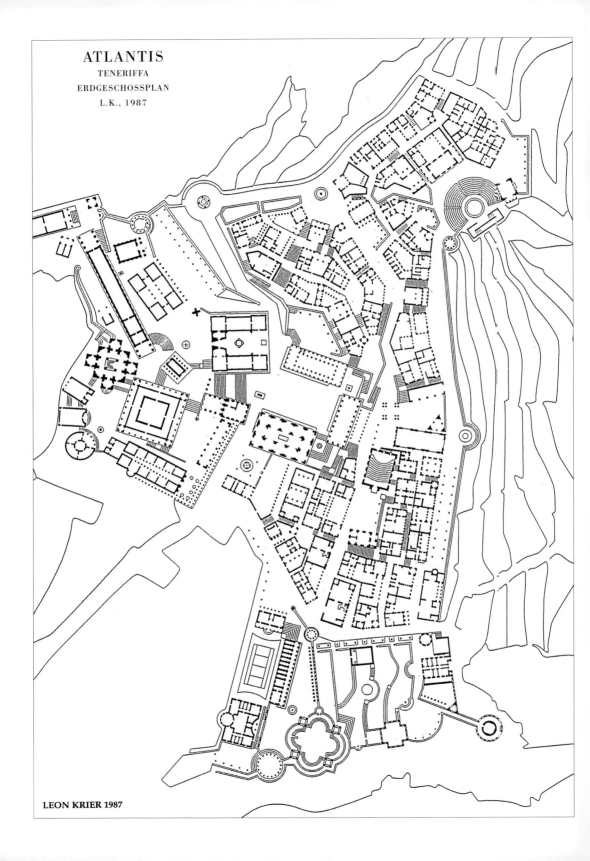

ATLANTIS

TENERIFFA

ERDGESCHOSSPLAN

L.K., 1987

LEON KRIER 1987

REIHE   L·TYP   L + TURM   TURM   POLYGON

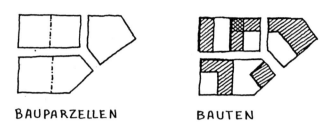

BAUPARZELLEN   BAUTEN

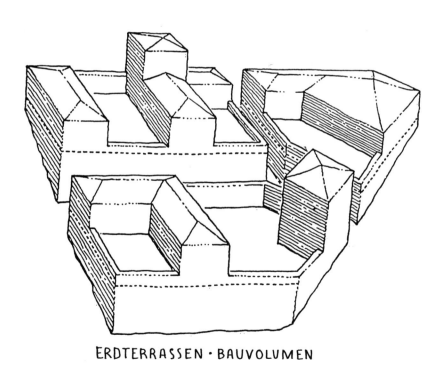

ERDTERRASSEN · BAUVOLUMEN

LÉON KRIER mit ROBERT DAY, STADTGRUNDRISS UND TYPISCHER STÄDTISCHER BLOCK, ATLANTIS, TENERIFFA, 1987. Die Gebäude sind auf Terrassen angeordnet; die privaten Gärten bilden große Räume, die durch Häuserfronten und hohe Mauern gerahmt und zur Landschaft geöffnet sind.

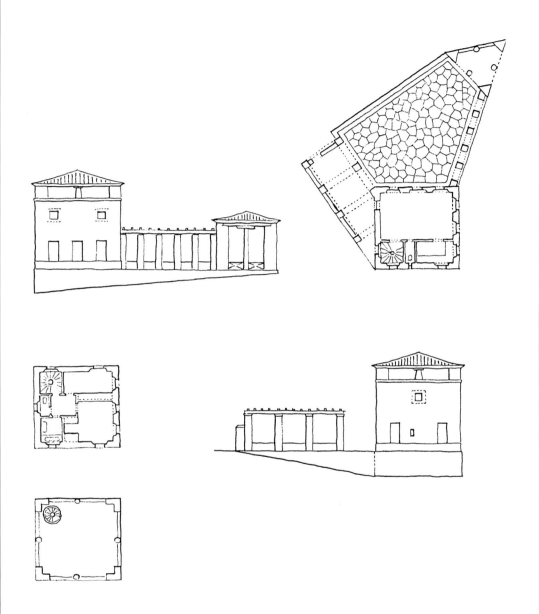

ATLANTIS, TENERIFFA, L.K., 1986. Vogelperspektive des ursprünglichen Konzeptes und architektonische Entwicklung einer typischen Privatparzelle.

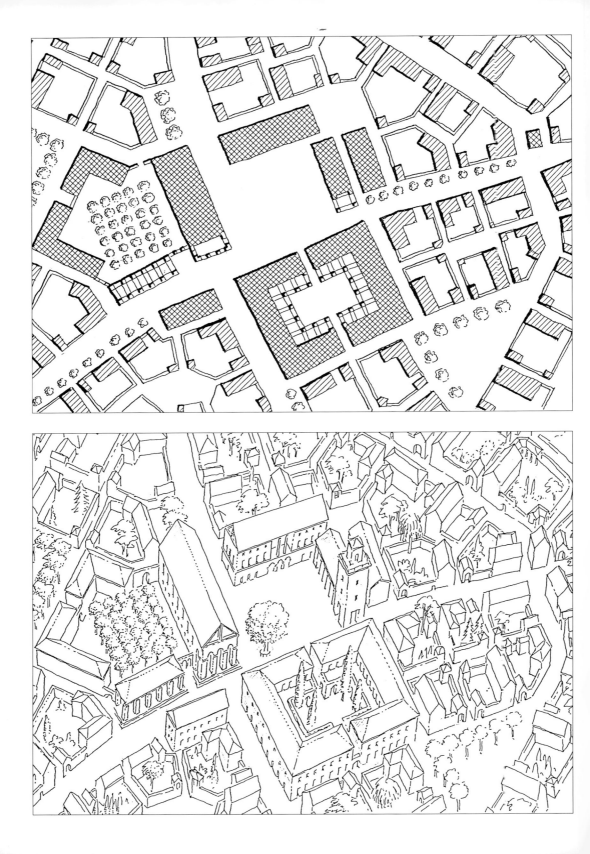

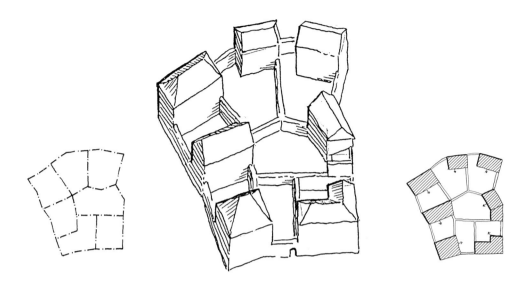

DIE NEUE STADT POING, OBERBAYERN, L.K., 1983. Links: Marktplatz, Waldviertel. Die Gebäude der Höheren Schule sind um einen öffentlichen Platz angeordnet und erlauben eine spätere Nutzung als Kommunalbauten (ein allgemeines Phänomen in neuen Städten aufgrund der Generationenlücke). Oben: Dieser aufgelockerte Häuserblock unterscheidet sich erheblich von herkömmlicher Vorstadtbebauung. Die Häuser liegen nicht im Zentrum der Parzelle, zurückgesetzte Fronten sind untersagt. Häuser, Garagen und Gartenmauern bilden kontinuierliche, wechselnde Begrenzungen für geschützte Privatgärten. Die Offenheit dieser Bauweise erlaubt eine vielfältige Orientierung und Transparenz der Räume, was allgemein als Privileg freistehender Häuser gilt.

ABSTANDS REGELN VERBIETEN REALISIERUNG EINER STRASSEN~FRONT

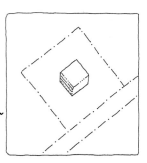

BAUEN AUF DER STRASSENFRONT IST IMPERATIV

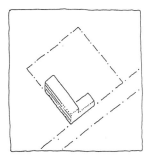

DIES RESULTIERT IN EINER SCHWACHEN DIFFERENZIE~RUNG ZWISCHEN ÖFFENTLICHEM & PRIVATEM RAUM

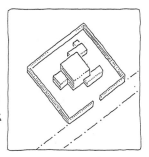

PRIVATE UND ÖFFENTLICHE SPHÄREN SIND PHYSISCH UND RÄUMLICH DIFFERENZIERT

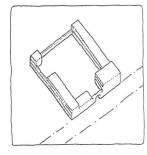

STÄDTISCHES WACHSTUM IST GLEICHLAUTEND MIT CHAOS UND ZERSIEDLUNG

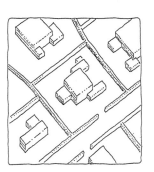

STÄDTISCHES WACHSTUM IST SYNONYM MIT STÄDTISCHER ORDNUNG UND URBANITÄT

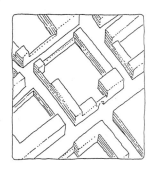

SUB~URBAN   URBAN

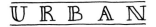

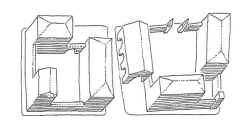

LÉON KRIER mit SCOTT MERRILL, HAUS SHOEMAKER, GASPARILLO ISLAND, FLORIDA, 1991–1995.

DIE LAGE VON GEBÄUDEN
AN PLÄTZEN, STRASSEN UND WOHNBLOCKS

Öffentliche Gebäude und solche mit symbolhaftem Charakter sollten die besten Lagen in der Stadt und auf dem Land besetzen: die Hauptfront eines Platzes, die Fluchtpunkte stadträumlicher Perspektiven und Sichtachsen, Grundstücke mit Panoramawirkung. Umgekehrt sollten dominante geographische Lagen für Gebäude von hohem Rang und symbolischem Wert reserviert werden.

Öffentliche Gebäude von lokaler Bedeutung sollten innerhalb des Viertels liegen, solche von städtischer, regionaler oder gar nationaler Bedeutung hingegen an Plätzen, Prachtstraßen und Boulevards, welche die Begrenzung eines Viertels oder Bezirkes bilden.

Die Differenzierung in Maßstab, Material und Volumen muß dem Typus und dem öffentlichen Status des Gebäudes entsprechen und sollte nicht allein der Willkür eines Architekten, Machthabers oder Grundstückbesitzers oder rein technischen Zwängen unterliegen.

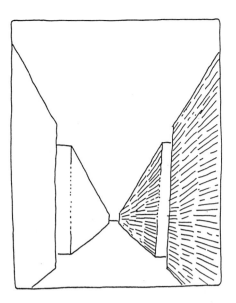

UNBESETZTE SichtAchse BESETZT

STRASSE & PLATZ

PARALLELE
Oder
NICHT ~ PARALLELE RÄUME
als

KORRIDOR

ORT

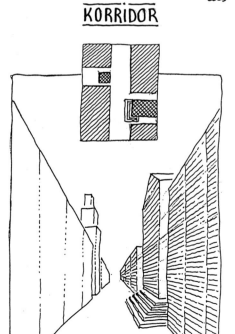
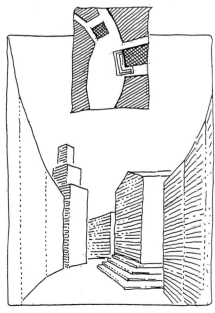

TYPUS, FORM UND CHARAKTER
STÄDTISCHER RÄUME

Der öffentliche Raum ist ein Vakuum, ein strukturiertes und strukturierendes Vakuum mit eigenen Dimensionen und Merkmalen. Die Gestalt einer Stadt und ihre öffentlichen Räume dürfen nicht zu Objekten willkürlicher Experimentierfreudigkeit verkommen. Die Stadt ist kein Versuchslabor.

Öffentliche Räume können nur in Form von Straßen (lineare Räume) und Plätzen (punktförmig verdichtete Räume) bebaut werden. Sie sollten einen dauerhaften, vertrauten Charakter haben, ihre Dimensionen und Proportionen sich auf Erfahrungswerte stützen, gleich ob es sich um die Großzügigkeit einer Metropole oder die Intimität eines Dorfes handelt.

Öffentliche Räume sollten nicht mehr als 35 Prozent und nicht weniger als 25 Prozent der gesamten Fläche eines Viertels in Anspruch nehmen. Zu wenig öffentlicher Raum wirkt knauserig, zu viel ist falscher Luxus.

Öffentliche Räume entstehen nach einem gleichmäßigen oder ungleichmäßigen Muster aus einem Netz von Hauptstraßen, Boulevards, Nebenstraßen, Plätzen, Passagen, Fußwegen, Höfen, Parkhöfen, Parks und Gärten.

Rein geometrisch oder parallel gegliederte öffentliche Räume erfordern ein hohes Maß an architektonischer Ordnung. Andererseits erlauben Straßen und Plätze auf ungleichmäßigem, nicht parallelem Grundriß eine bescheidenere Architektur von freierer, zurückhaltenderer Komposition. Grundsätzlich ist eine anspruchslose Architektur für hoch formelle öffentliche Räume nicht geeignet.

Eine guter Stadtgrundriß bzw. Plan eines Stadtviertels oder Dorfes geht auf alle vorhandenen geometrischen und topographischen Gegebenheiten ein. Sowohl übertriebene Gleichmäßigkeit als auch eine allzu bemühte Unregelmäßigkeit sollte bei öffentlichen Räumen vermieden werden. Manchmal mag das Wesen eines Ortes einer Lösung entspringen, die in artikuliertem Kontrast zu den örtlichen Bedingungen steht: Erdwällen, Geländevorsprünge, Brücken, Dämme o. ä.

Sowohl im Städtebau als auch in der Architektur können Orte von hoher Qualität nur dann entstehen, wenn Grundriß, Stadtsilhouette und Bestimmung zu einer sichtbaren Einheit verschmelzen, mag man sich dazu spektakulärer oder eher bescheidener Mittel bedienen.

EINPARZELLIGE BLOCKS, MEHRPARZELLIGE BLOCKS UND IHRE ARCHITEKTUR

Typ, Bauvolumen und Architektur von Gebäuden werden zum großen Teil durch die Teilung eines Blocks in eine oder mehrere Parzellen vorgegeben.

Bauwerke sollten auf ihrem Grundstück und innerhalb eines Gebäudeblocks so angeordnet werden, daß sie eine klare Front zur Straße, zum Platz oder zum Garten bilden. Die Wiederholung obligatorischer Rücksprünge dagegen sollte vermieden werden: Fassadenrücksprünge, Vorgärten oder Ehrenhöfe sollten nur an bestimmten Abschnitten der gesamten Straßenfront gestattet werden.

Zurückgesetzte Häuser sollten hohe Mauern oder Gitter haben, die eine durchgehende Front mit der Architektur der Nachbarbauten bilden.

Einparzellige Blocks eignen sich nur für Gebäude mit öffentlicher Nutzung, nicht jedoch für Wohnbauten.

Die Architektur eines einparzelligen Blocks mag in der Komposition symmetrisch sein oder auch einheitlich in Stil und Charakter gestaltet sein, für einen mehrparzelligen Block ist dies weder obligatorisch noch wünschenswert. Symmetrie oder

VIERTEL MIDDLE FARM, POUNDBURY, DORSET, L.K., 1989. Links: Parzellenplan. Rechts: Erlaubte Bauvolumina. Die Vielfalt der Grundstücksparzellen erlaubt nicht nur eine große funktionale Verschiedenheit, sondern ist auch die Grundlage für echte, d.h. begründete architektonische Vielfalt.

Asymmetrie einer Fassade müssen typologisch gerechtfertigt sein, und die Architektur einer Straßenfront sollte zu einem gewissen Grad widerspiegeln, ob der Block aus einer oder mehreren Parzellen besteht.

Alle von öffentlichem Raum aus sichtbaren Teile eines Gebäudes, ob zurückspringend oder nicht, müssen architektonisch salon- oder besser „straßenfähig" sein. Blindgiebel, Fluchttreppen und technische Ausrüstung sollten architektonisch gesehen eine Bereicherung darstellen oder aus der Sicht verschwinden.

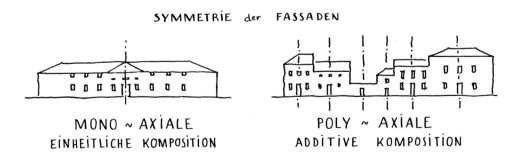

SYMMETRIE der FASSADEN

MONO ~ AXIALE
EINHEITLICHE KOMPOSITION

POLY ~ AXIALE
ADDITIVE KOMPOSITION

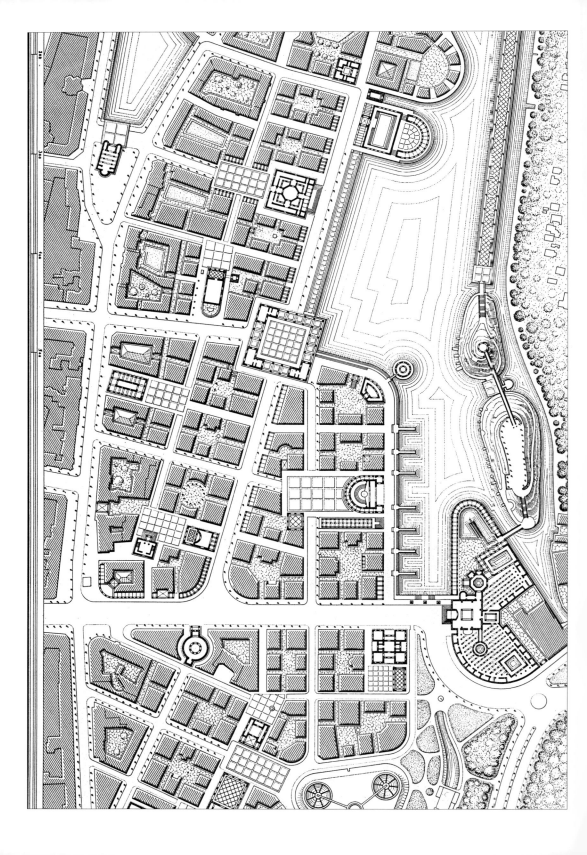

DIE HIERARCHIE ÖFFENTLICHER RÄUME UND DES VERKEHRS

Der Durchgangsverkehr sollte keine Stadtviertel oder Bezirke durchqueren, sondern tangential an ihnen vorbeigeführt werden, kanalisiert in Boulevards, Hauptstraßen und Alleen, deren Trassen die Stadtkontur formen, statt sie zu zerreißen.

Auto- und Fußgängerverkehr erfordern jeweils Räume von sehr unterschiedlichem Maßstab und eigener Geometrie. Die Mäanderform reduziert nicht nur die Geschwindigkeit eines Wasserlaufes, sondern in ganz ähnlicher Weise auch die des Autoverkehrsstromes. Schmale Gehwege durchschneiden städtische Blocks und sind so miteinander verkettet, daß sie in jedem Viertel ein zusammenhängendes, autofreies Wegenetz bilden.

Der zentrale Platz eines Viertels muß den Fußgängern vorbehalten bleiben. Teile der Hauptstraße dagegen sollten nur zu besonderen Gelegenheiten für den Verkehr gesperrt werden.

Das Parken von Autos entlang des Bordsteines sollte zumindest auf einer Seite der meisten Straßen gestattet sein.

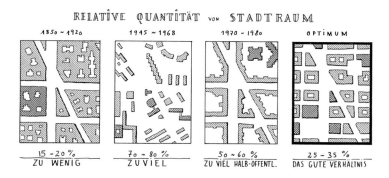

LÉON KRIER mit FRANCISCO SANIN, NEUES HAFENVIERTEL, BERLIN-TEGEL, 1980. Das vorgegebene „Kulturzentrum", Bestandteil des Baunutzungsplans, umfaßt verschiedene typologische Komponenten: Bibliothek, Kirche, Rathaus, Kunstgalerie, Theater und Hallenbad. Statt diese Bereiche, wie heute allgemein üblich, unter einem Dach zu vereinen, werden sie innerhalb des Viertels verteilt. Diese Kompositionsform vermeidet nicht nur die bekannten Vermassungs- und Verkehrsverstopfungsprobleme, sondern auch, was noch wichtiger ist, die fatalen symbolischen und funktionalen Überdosierungen.

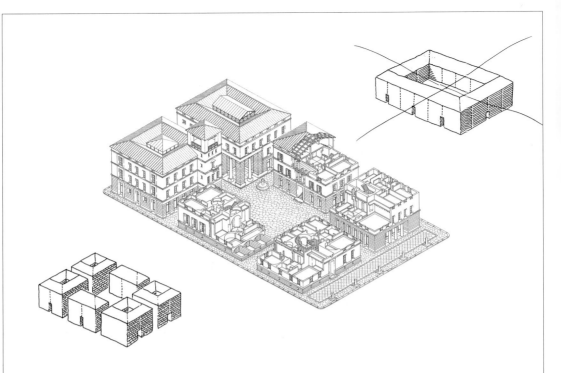

INSULA TEGELENSIS, L.K., 1980. Entwickelt für das Hafenviertel von Berlin-Tegel (siehe Seite 105 und 146), erlaubt dieser Häuserblock eine hohe Wohndichte (2:1, d.h. die Geschoßfläche ist doppelt so groß wie die Grundstücksfläche) bei nur zwei bis drei Geschossen, während ein herkömmlicher Block bis zu sechs Etagen benötigt, um eine derartige Dichte zu erzielen. Darüber hinaus liegt jede Wohnung an einer Straßenecke und genießt gutes, natürliches und reflektiertes Licht ebenso unterschiedliche Aussichten.

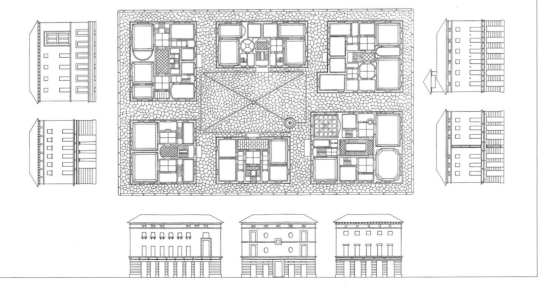

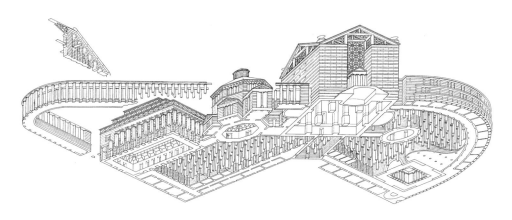

THERMAE TEGELENSES

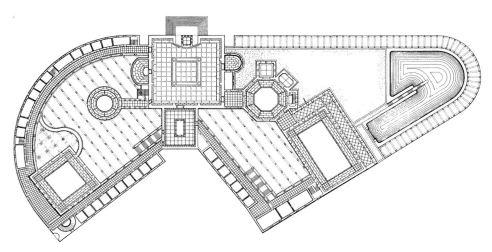

THERMAE TEGELENSES, L.K., 1980. Beispiel einer typologischen Komposition. Die Plastizität des externen Volumens bringt in dreidimensionaler Form die Vielfalt der inneren Räume und Funktionen dieser großen Thermenanlage zum Ausdruck, die am Rande des neuen Hafenviertels von Berlin-Tegel liegt. Die Schwimmbecken sind in verschiedenen Pavillons untergebracht, die durch eine glasgedeckte Säulenhalle miteinander verbunden werden.

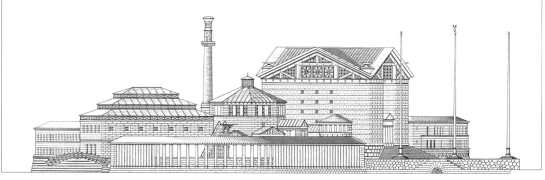

Straßen und Plätze
ergeben sich aus der Lage
der städtischen Blocks.

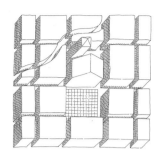

Städtische Blocks
ergeben sich aus einem
spezifischen Netz von Straßen
und Plätzen.

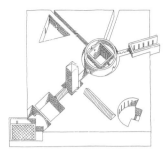

Straßen und Plätze
sind präzise Raum-Typen,
die städtischen Blocks
resultieren aus ihrer spezifischen Komposition.

GRUNDTYPEN ÖFFENTLICHER RÄUME, L.K., 1977.

Zuviel öffentlicher Raum = falscher Luxus
Zuwenig öffentlicher Raum = Knauserei

Verstreute Bauten, die keinen beschreibbaren
Raum bilden, keine Straßen, keine Plätze, keine
Alleen. Die Form öffentlicher Räume ist weitgehend willkürlich und zufällig. Diese Sied-
lungsform kann nur schwer polizeilich über-
wacht, qualitätvoll gepflastert und bepflanzt
werden. Wenn überhaupt, ist sie nur für un-
gewöhnliche und ausgefallene Bestimmungen
zu nutzen.

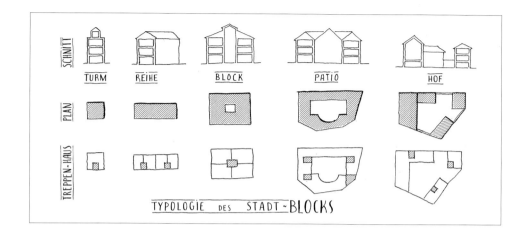

Einbahnstraßen mit abzweigenden Sackgassen beherrschen augenblicklich die Philosophie von Verkehrsplanern. Doch gerade dieses Straßenmuster – Ergebnis einer Technokratenmentalität, das zu einem exklusiven System, sogar zu einem Paradigma stilisiert wurde – hat sich als geradezu unübertrefflich darin erwiesen, Desorientierung, Verwirrung und Verstopfungen zu verursachen. Die zweispurige Straße hingegen mit mehr oder weniger parallel verlaufenden Fahrbahnen, Bürgersteigen und Bordsteinparkstreifen ist ein Konzept von einmaligem und unvergleichlichem Genius, das zahlreiche funktionelle, praktische, psychologische, ästhetische und sicherheitsspezifische Vorteile verbindet, die Synthese von verkehrstechnischer Effizienz und Urbanität.

Tiefgaragen sollten lediglich unter zentralen Blocks angelegt werden. Mehrgeschossige Parkhäuser sollten klein sein und nicht im Zentrum eines Viertels liegen. Sie sollten keine Fassade zur Straße haben und durch schmale Büro- und Gewerbebauten von öffentlichen Räumen abgeschirmt sein. Das Parken in Höfen sollte auf die größeren, außen liegenden Blocks des Viertels beschränkt bleiben.

Die Geschwindigkeit von Fahrzeugen sollte generell nicht durch Verkehrszeichen und technische Vorrichtungen wie verkehrsberuhigende Schwellen und ähnliche Spielereien, Verkehrsinseln, Absperrungen, Ampeln etc. geregelt werden, sondern durch den urbanen Charakter von Straßen und Plätzen, der sich durch geometrischen Entwurf, Profil, Pflasterung, Bepflanzung, Beleuchtung, Straßenmöblierung und architektonischen Ausdruck auszeichnet.

Wiederaufbau des Berliner Stadtschlosses, eine nationale Katastrophe

Frau Minister Schwätzer und Herr Bürgermeister Diepgen haben mit ihrer historischen Entscheidung nicht nur richtig gehandelt; sie haben eine imminente, geistige Katastrophe in letzter Minute abzuwenden gewußt. Um ihre weise Entscheidung selbst nicht in Frage stellen zu müssen, haben sie auch rechterweise und Gott sei Dank nicht an den Potsdamer Schloß-Diskussionen teilnehmen können und dürfen, denn tatsächlich hätte der Wiederaufbau des Schlüterschen Schlosses für Berlin, ja für Deutschland eine nationale Schande bedeutet. Mit dieser einzigen Geste wären 40 Jahre Wiederaufbau-Philosophie und ihre hart errungene Legitimität radikal in Frage gestellt! Nach diesem

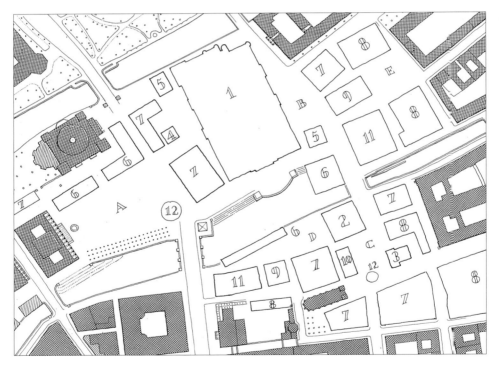

Plätze: **A** Lustgarten, **B** Schloß-Freiheit, **C** Börsenplatz, **D** Bauakademie-Quai.
Bautypen: **1.** Stadtschloß, **2.** Bauakademie, **3.** Gentz-Münze, **4.** Schlüter-Turm, **5.** Denkmäler, **6.** Markt-Hallen (ein- bis zweigeschossig), **7.** Geschäfte mit Wohnbauten (drei- bis viergeschossig), **8.** Büro- und Wohnbauten (zwei- bis viergeschossig), **9.** Bürobauten (drei- bis viergeschossig), **10.** Geschäfte und Bürobauten (drei- bis viergeschossig), **11.** Hotelbauten (zwei- bis viergeschossig), **12.** Brunnen.

Credo dürfen zwar Bauten unserer großen Vorbilder Scharoun, Mies und Le Corbusier original und konservativ restauriert und wiederaufgebaut werden, ja sogar Ungebautes posthum erbaut werden, Schlüter aber, meine Herren, das geht zu weit. Schließlich hat Deutschland kollektiv gesündigt und soll weiterhin kollektiv auch architektonisch Buße tun. Die brutale Häßlichkeit Zentral-Berlins in Ost und West ist schließlich nicht ein Zeichen geistiger Armut und Unvermögens, nein im Gegenteil, sie ist ein in Baumaterial erhärtetes Symbol von höchster intellektueller Anstrengung, von kritisch-büßender tiefgründiger Selbstverneinung. Unser moderner Pluralismus beweist ja tagtäglich, daß wir zu allem fähig und bereit sind, aber Schlüter wiederaufzubauen, nein, das ginge zu weit.

Léon Krier, in: *Die Welt*, November 1993

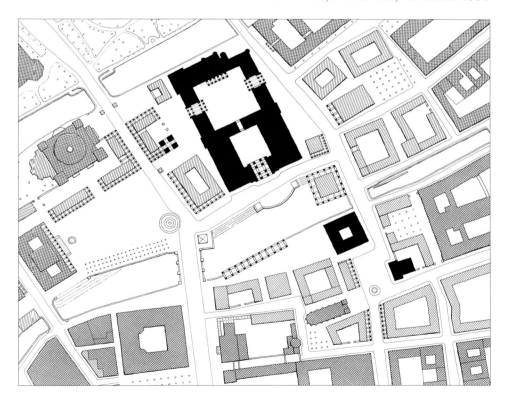

Der Schloßplatz sieht alt aus und ist doch neu. Wiederaufbau – das heißt nicht tyrannische Wiederherstellung des ursprünglichen Zustandes, sondern Anknüpfen an technische und ästhetische Qualitäten der traditionellen Stadtbaukunst.

DIE POLYZENTRISCHE ZONIERUNG
VON FUNKTIONEN

Wohn- und andere Nutzungen sollten nach Art des Schachbrettmusters block-, parzellen- und/oder geschoßmäßig gemischt werden. Entlang der Hauptstraßen und an Hauptplätzen sollte gewerbliche Nutzung im Erdgeschoß erlaubt sein, niemals jedoch oberhalb des ersten Obergeschosses oder unterhalb des Erdgeschosses.

Innerhalb jedes Viertels sollten Flächen für Gewerbe und Handwerk ausgewiesen werden, um die Ansiedlung städtischer Unternehmen und Arbeitsplätze zu fördern. Dies ist der einzige Weg, um einen Wirtschaftskreislauf von Angebot und Nachfrage in Gang zu setzen, der in der Lage ist, dem stadtverwüstenden Einfluß großer Wirtschaftsmonopole entgegenzuwirken.

Kleine und mittlere Betriebe sowie nicht ortsansässige umweltfreundliche Nutzer sollten ebenfalls bevorzugt Platz innerhalb des Viertels finden, Großunternehmen und andere großflächigen Gewerbenutzungen dagegen in der Randzone des Viertels angesiedelt und ihre Gebäudefronten zu den Alleen und Boulevards hin ausgerichtet werden.

Öffentliche und städtische Einrichtungen sollten nicht in eigenen Bereichen konzentriert, sondern über das Viertel verstreut sein und mit anderen städtischen Funktionen durchmischt werden. Dadurch wird der monotone und standardisierende Effekt einer funktionalen „Zonierung" vermieden. Diese Logik, die auf dem Gedanken der Polyzentrizität basiert, ist nicht zu verwechseln mit Dezentralisierung.

PANORAMA VON POUNDBURY, L.K., 1989.

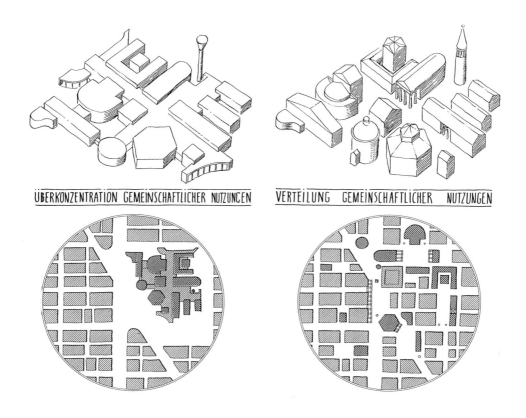

ÜBERKONZENTRATION GEMEINSCHAFTLICHER NUTZUNGEN   VERTEILUNG GEMEINSCHAFTLICHER NUTZUNGEN

DAS VIERTEL MIDDLE FARM, POUNDBURY, L.K., 1989.

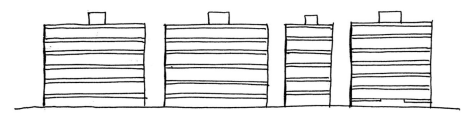

Gebäude HÖHE Begrenzung
Maximale NUTZFLÄCHE ~ MINIMALE Deckenhöhe
MONOTONE STADTSILHOUETTE

DIE HÖHE VON BAUWERKEN

Die schönsten und angenehmsten Städte, die bis in unsere Tage überlebten, zeichnen sich durch Gebäudehöhen von zwei bis fünf Geschossen aus. Es gibt keine ökologisch vertretbare Rechtfertigung für die Errichtung utilitärer Wolkenkratzer. Sie werden lediglich aus Gründen der Spekulation, kurzfristiger Gewinne oder Anmaßung gebaut.

Paradoxerweise schließt die Festlegung einer generellen Gebäudehöhen-Begrenzung auf zwei bis fünf Geschosse auch sehr hohe Gebäude oder Monumentalbauten nicht aus. Die St. Paul's Cathedral in London etwa ist ein Wolkenkratzer mit nur einem Geschoß. Der Eiffelturm hat nur drei Stockwerke. Das Kapitol in Washington, Notre-Dame in Paris, die Verbotene Stadt in Peking und sogar die Sieben Weltwunder haben sich an diese Begrenzung gehalten.

Eine universelle Höhenbegrenzung auf zwei bis fünf Geschosse würde die historischen Zentren, die generell von Überentwicklung bedroht sind, schützen und zugleich eine Sanierung der Vorstädte fördern. Statt die inflationäre Wertsteigerung

Geschoss ZAHL Begrenzung
Keine Höhenbegrenzung ~ Decken & Gebäudehöhen variiert
VARIIERTE STADTSILHOUETTE

der im Zentrum liegenden Gebäude weiter anzuheizen, würde eine solche Begrenzung zu einem Wertzuwachs der Liegenschaften in solchen Gegenden beitragen, die
willkürlich zu niedrig veranschlagt werden.

Gebäudehöhen sollten nicht metrisch begrenzt werden (solche Verfügungen sind
immer willkürlich und führen zu verarmender Eintönigkeit), sondern auf eine
bestimmte Geschoßzahl – zwischen zwei und fünf, abhängig vom Charakter eines
Dorfes oder einer Stadt, von der Natur, dem Status und der Nutzung des Gebäudes,
von der Breite der Straßen und Plätze und dem Renommee der Lage. Es ist außerdem
zu bedenken, daß sich Bautechnologie, Konzeption und Unterhaltung von Gebäuden
mit mehr als fünf Geschossen radikal ändern (Trennung von Bau- und Außenwand-
konstruktion, Aufzüge, teurere Dienstleistung, Brandschutz, Fluchtwege etc.). Eine
Begrenzung der Geschoßzahl gestattet eine natürlich-zwingende Differenzierung
nach öffentlicher und privater Nutzung, symbolischem und utilitärem Charakter
und monumentaler oder häuslich-privater Architektur.

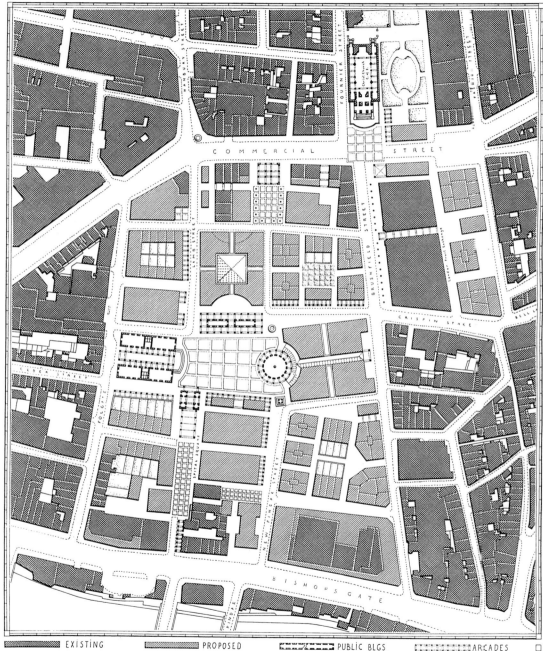

EXISTING   PROPOSED   PUBLIC BLGS   ARCADES

NEUENTWICKLUNG DER SPITALFIELDS MARKETS, LONDON, L.K., 1986. In dieser neuen Form eines Businessviertels nahe der City von London sind Bürogebäude und Wohnblocks in einem Schachbrettmuster block- oder parzellenweise verteilt, wodurch der deprimierende Effekt einer stereotypen Zonierung vermieden wird. Oben: Autofreier Platz innerhalb eines gemischten Wohn- und Geschäftsblocks.

Niedrige Gebäude s Hohe Decken

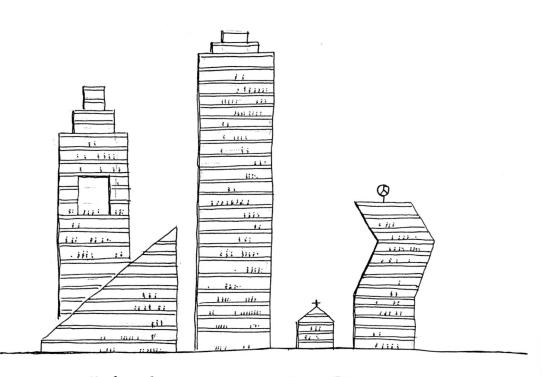

Hohe Gebäude s niedrige Decken

KRITISCHE PROBLEME DER BAUDICHTEN

Historische Städte überschreiten selten eine Baudichte von 2:1 (Verhältnis der Geschoßfläche zur Grundstücksfläche), ein Wert, der von Gebäuden, die nicht über drei bis fünf Geschosse hinausgehen, leicht eingehalten werden kann. So können gut gelegene und angenehm proportionierte private Gärten und öffenliche Räume entstehen. Seit dem 19. Jahrhundert jedoch ist mit jeder Revision der Flächennutzungspläne ein regelmäßiges, unwiderrufliches Ansteigen der Baudichten zu verzeichnen (in der City von London zum Beispiel stieg sie auf den Faktor 6:1). Diese exzessive Verdichtung führt zu einer funktionalen und generellen Überlastung der historischen Zentren. Straßen werden zu düsteren, tosenden Korridoren, und private Gärten verkommen zu seelenlosen Hinterhöfen. Dies führt zur Auflösung des Konzeptes der traditionellen Stadt selbst und rechtfertigt den Exodus in die Vorstädte.

Wenn die Behörden den Bauträgern gestatten, die kritische Marke von fünf Geschossen zu überschreiten, steigt der Wert eines Grundstücks in astronomische Höhen und damit der Druck nach immer höheren Dichten. Es ist ein Teufelskreis, der letztlich zu einem schleichenden „Manhattanismus" führt und zur übermäßigen wirtschaftlichen Ausbeutung der Stadtgrundstücke. Am Ende muß der unvermeidliche strukturelle Bankrott immer wieder mit öffentlichen Geldern bezahlt werden.

Schützenswerte Gebiete sind per Definition solche, die in Form und Erscheinung eine optimale Dichte erreicht haben. Es ist erwiesener Unsinn, in diesen Sektoren die Baudichten zu erhöhen. Solche Entscheidungen führen dazu, daß denkmalgeschützte Gebäude dem Entwicklungszwang ihrer Grundstücke nicht standhalten können. Folgerichtig bringen höhere Baudichten selbst die engagierteste Denkmalschutzpolitik in Bedrängnis.

Denkmalpflege GEGEN ÜBERentwicklung

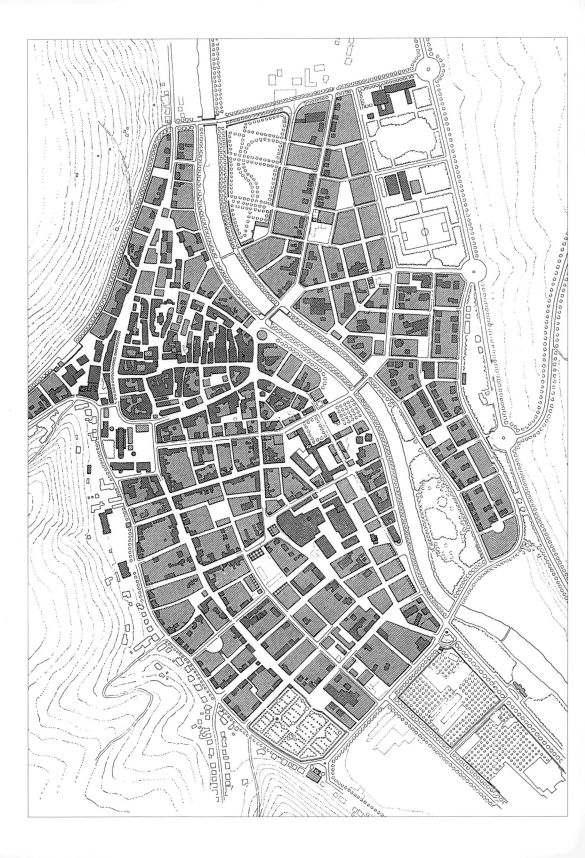

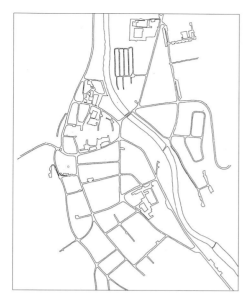

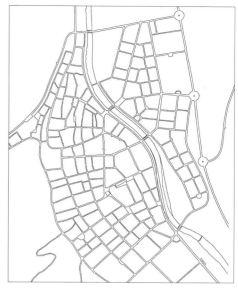

BESTEHENDER STRASSENPLAN

Historische Zentren wie dieses werden routinemäßig in Gewerbegebiete und Parkflächen umgewandelt. Der Verkehr wird in einem Einbahnstraßensystem rund um die alten Stadtwälle geleitet. Vorstädtische Wohn- und Gewerbegebiete breiten sich in das umliegende Land aus. Einbahnstraßen mit abzweigenden Sackgassen bilden ein grobmaschiges Verkehrsnetz, das massive Verstopfungen, psychologische Verwirrung und Desorientierung verursacht.

VORGESCHLAGENER STRASSENPLAN

Der Durchgangsverkehr verläuft tangential zur Stadt und ihren neu definierten Vierteln. Ein neuer Platz entsteht im Zentrum eines jeden Viertels, Institutionen, Gewerbe- und Industrieanlagen werden an dessen Rändern entlang den Boulevards und Hauptverkehrsstraßen angesiedelt. Neue zwei- und dreigeschossige Gebäude vervollständigen unterentwickelte und fragmentierte Blocks. Das bestehende grobe Strassenmuster wird durch neue Straßen und Wege zu einem engmaschigen Netz verdichtet.

BEBAUUNGSPLAN FÜR DIEKIRCH, LUXEMBURG, L.K., 1984. Diese Studien wurden für das Ministerium für öffentliche Bauten angefertigt. Sie versuchen, systematische Lösungen für Probleme zu zeigen, die durch städtische Umgehungsstraßen verursacht werden, die die Ausdehnung von mittelgroßen Städten und Dörfern begrenzen, ohne deren Entwicklung und Wachstum zu behindern.

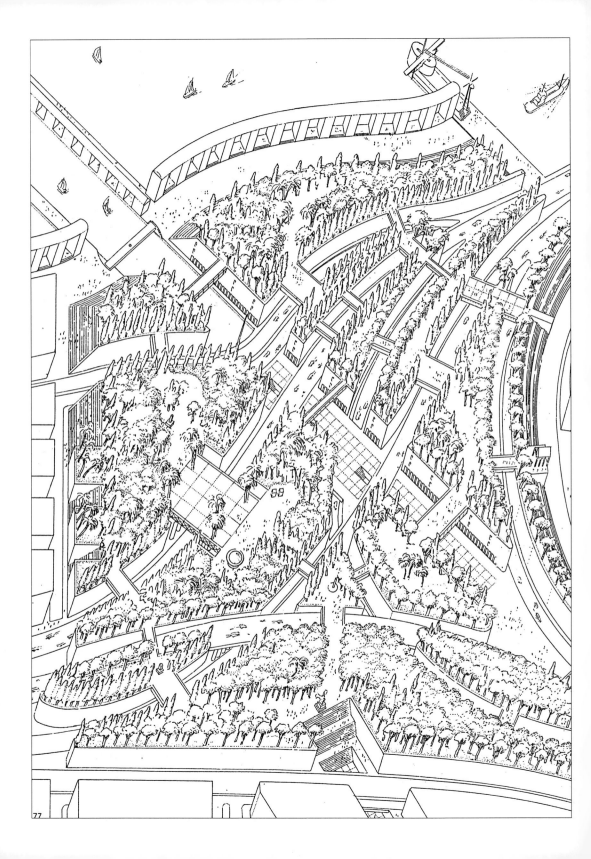

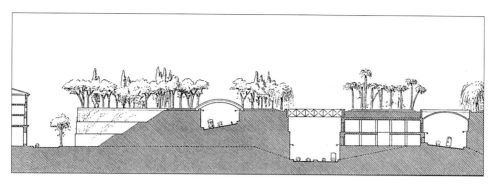

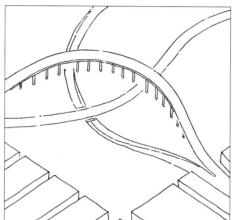
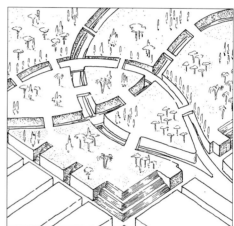

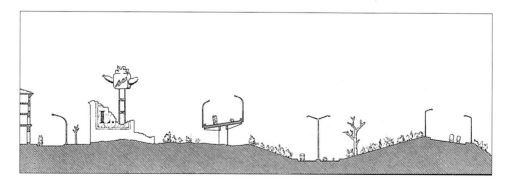

ATHEN, PIRÄUS, L.K., 1977. Projektentwurf für einen öffentlichen Park an einer Autobahnkreuzung. Ausgedehnte Terrassen, gerahmt von großen megalithischen Steinmauern, bilden einen mit Bäumen bepflanzten Archipel auf Dachhöhe. Von den oberen Plattformen genießt man einen Panoramablick über den Hafen von Piräus. Sie sind durch Fußgängerbrücken verbunden, die über tosende, vom Autoverkehr beherrschte Schluchten führen. Die entfernte Silhouette der Akropolis liegt in der Achse der zentralen Esplanade.

KÜNSTLICHE BELEUCHTUNG
VON ÖFFENTLICHEN RÄUMEN

Die bedrückende Menge künstlichen Lichts, die Nacht für Nacht unsere Städte, Dörfer und Landstriche überflutet, könnte sie ebensogut, ähnlich den Weihnachtsbeleuchtungen, in Märchenlandschaften verwandeln. Die denkwürdigen Experimente von André Granet und erst kürzlich auch von Yan Kersalé beweisen hinlänglich, daß selbst Gebäude ohne jede ästhetische Qualität mittels Beleuchtung gelegentlich ein Flair von Magie und Glamour annehmen können. Leider hat sich die künstliche Beleuchtung zu einem so massiven Phänomen entwickelt, daß wir ihre Folgen eher erleiden als genießen. Doch merkwürdigerweise ist dies kein Gegenstand öffentlicher, demokratischer Debatten, sondern eher der wirtschaftlichen Interessen, die sich auf pseudo-wissenschaftliche Argumente hinsichtlich Wirtschaftlichkeit und Sicherheit stützen.

Was die Beleuchtung von Städten und Dörfern angeht, so sollten zwei Gesichtspunkte genauer bedacht werden: Qualität und Menge des Lichtes sowie Qualität und Anzahl der Lichtquellen.

Derzeit teilen sich weiße, grünliche und orangefarbene Glühbirnen und Gasleuchten den Markt, die sich kaum unterscheiden, was Intensität, Lebensdauer und Kosten anbelangt. Eine Auswahl nach ästhetischen Gesichtspunkten ist daher das einzig sinnvolle Kriterium. Das Kostenargument für die bevorzugte Verwendung von orangefarbenen Sodiumleuchten hingegen läßt sich nicht mehr aufrecht erhalten. Der bernsteinfarbene Schimmer dieses Gases eliminiert alle Farben, verwäscht charakteristische Kontraste und taucht die schönsten Plätze in eine uniforme Tristesse, die uns Burgen nicht mehr von Flughäfen, Dörfern und Gefängnissen unterscheiden läßt. Die konventionelle weiße Glühbirne hingegen hat viele Vorteile in bezug auf Sicherheit, Ästhetik und Wirtschaftlichkeit. Sie verändert nicht die Farben von Menschen, Gebäuden, Boden oder Bäumen, sondern unterstreicht den eigenen Charakter und die Schönheit eines Ortes.

WASHINGTON, D.C., L.K., 1985. Der neue Stylobat des Washington Memorial in Blickrichtung auf das Lincoln Memorial.

Das menschliche Auge paßt sich sehr gut künstlichen Beleuchtungen von unterschiedlichstem Niveau an, sogar solchen von sehr geringer Intensität. Das beweist die gedämpfte Straßenbeleuchtung der Federal City in Washington und anderer wohlhabender Wohnviertel in nordamerikanischen Vorstädten, wo weiße Glühbirnen mit weniger als 50 Watt eine Atmosphäre von Gemütlichkeit, Sicherheit und Gediegenheit schaffen. Sie gestatten aufsehenerregende Kontraste durch angestrahlte Gebäude, Brunnen und Bäume, ohne jedoch das Funkeln eines sternenklaren Nachthimmels zu stören.

Das sehr intensive farbige Licht von mehr als 100 Watt hingegen, wie es in Europa allgemein gebräuchlich ist, ist nur als indirektes, reflektiertes Licht akzeptabel, um etwa herausragende Objekte wie Brücken, Kirchtürme oder Felsen hervorzuheben.

Was die Beleuchtungskörper angeht, haben irrwitzige Bestimmungen dazu geführt, daß Stadt und Land mit scheußlichen und extrem hohen Lichtmasten mit grellen Leuchtmitteln übersät sind, obgleich der Markt inzwischen auch traditionelle Entwürfe von hoher Dauerhaftigkeit sowie ästhetischer und technischer Qualität anbietet, die einen Ort verschönern, statt ihn zu verunzieren. Auf lange Sicht garantieren diese eine bedeutende Kostenersparnis.

Aus ökonomischer und ökologischer Sicht wären deutliche Energieeinsparungen ohne Einbußen bei der Sicherheit allein dadurch möglich, daß man einerseits die Intensität der Straßenbeleuchtung allgemein reduziert, andererseits nach Mitternacht einfach eine Anzahl von Leuchtkörpern ausschaltet. Grundsätzlich sollten Autobahnen und Landstraßen nicht beleuchtet werden. Besonders die Beleuchtung von Autobahnen muß schlichtweg als Verschwendung angesehen werden. Sie ist nicht nur ein ästhetisches Fiasko, auch hinsichtlich der Straßensicherheit ergeben sich hohe Risikozonen zwischen beleuchteten und unbeleuchteten Teilen bei Regen und Nebel. Einheitliche Beleuchtung ist es, was für Autobahnen wichtig ist. Der Verzicht auf Straßenbeleuchtung ergibt hier paradoxerweise den höchsten Grad an Homogenität und Verkehrssicherheit.

Der Charme und die Sicherheit von Örtlichkeiten in der Nacht hängen nicht von der Quantität der künstlichen Beleuchtung ab, sondern von der Qualität des Ortes und seiner Beleuchtung. Diese beiden Faktoren umfassen sehr viel mehr als zweckmäßige Ausstattung oder triviale Details. Sie sind die wesentlichen Werkzeuge, um Qualität und Charakter einer Stadt zum Ausdruck zu bringen.

Zusammenfassend geht mein Vorschlag bezüglich der Ordnungsprinzipien der polyzentrischen Stadt also nicht dahin, die Ausdrucksformen der Moderne zu beschränken, sondern eine Grundlage zu schaffen, auf der die zeitgenössische Architektur mit der ganzen Vielfalt ihrer Ausdrucksmöglichkeiten zu einer kohärenten, vollständigen und harmonischen, weil getrennten Entwicklung finden kann.

*

*   *

NEUE STADTVIERTEL VON LA VILLETTE, L.K., 1976. Blick auf den neuen Rathausplatz zwischen den „Grands Boulevards Nord et Sud".

Alle Erfahrung basiert auf Vergangenem. Weisheit und Intelligenz sind Produkte eines individuellen oder kollektiven Erfahrungsschatzes. Zurückzuschauen bedeutet demnach nicht unbedingt einen Rückschritt. Tradition ist die Weitergabe von Erfahrung und Information. Schließlich wird auch niemand beschuldigt, seiner Zeit hinterher zu hinken, weil er schreibt und spricht! Alle Informations- und Kommunikationssysteme sind traditionell und konventionell. So sind auch in der Architektur traditionelles und konventionelles Bauen nicht automatisch ein Beweis für Rückständigkeit oder Visionslosigkeit. Sie sind vielmehr eine Quelle praktischer und ästhetischer Lösungen für die praktischen Probleme des Bauens.

VI

DIE MODERNITÄT
TRADITIONELLER
ARCHITEKTUR

TRADITIONELLE KULTUR
UND DIE IDEE DES FORTSCHRITTS

ARCHITEKTUR UND POLITIK

DAS SCHICKSAL
TRADITIONELLER ARCHITEKTUR

DER ZEITLOSE WERT
TRADITIONELLER GRUNDSÄTZE

DAS NEUE, DAS EINMALIGE,
DAS TEKTONISCHE, DAS ORIGINALE

VENUSTAS · FIRMITAS · UTILITAS

AKROPOLIS, ATLANTIS, L.K., 1987. Zugang zur Agora.

TRADITIONELLE KULTUR
UND DIE IDEE DES FORTSCHRITTS

Unser Verständnis von traditioneller Kultur folgt weitgehend unserer Konzeption der Natur und des Universums. Wenn wir glauben, daß Evolution und Fortschritt ein Endziel haben – egal, ob wir denken, daß dieses Ziel in der Vergangenheit schon erreicht wurde, oder annehmen, es werde erst in der Zukunft erreicht –, so gibt es kaum Zweifel, daß die Natur mit der Schaffung der menschlichen Rasse ihren vollendeten Ausdruck, ihre „klassische" Form erreicht hat. In bezug auf die biologische Entwicklung des Menschen scheint der Fortschritt eine Angelegenheit der Vergangenheit zu sein. Die typologische Ordnung, repräsentiert durch Mann und Frau, verträgt keine Veränderung, selbst die leichteste Mutation würde das sofortige Ende der menschlichen Rasse bedeuten.

Entsprechend unserer unvermeidlich anthropozentrischen Konzeption von Zeit hat das typologische Inventar der Natur seine Vollständigkeit erreicht. Innerhalb der historischen Zeit fehlt darin jegliches Anzeichen von Innovation. Dies bestätigt die unermüdliche Vervielfältigung und Fortpflanzung, entsprechend dem festgelegten typologischen Inventar von Menschen, Tieren, Pflanzen usw. Typologische Experimente, genetische Idiosynkrasien und Kreuzungen dagegen pflanzen sich nicht fort.

Menschliche Beobachtung hat bestätigt, daß das Prinzip des Lebens in der Natur Wachstum bis zur Reife ist, Fortpflanzung innerhalb der Arten und Stabilität der Spezies. Traditionelle Kulturen zeigen, daß eben diese Prinzipien auch bei künstlerischen und handwerklichen Schöpfungen wirksam sind. Erneuerung der Form kann nur mit der Einführung eines neuen Funktionstyps einhergehen. Da dies jedoch äußerst selten vorkommt, ist es für die alltägliche künstlerische oder handwerkliche Praxis, Erziehung und Lehre unerheblich.

Der Modernismus indes feiert Innovation als das wichtigste Prinzip künstlerischen Schaffens. Dies führt zu einer systematischen Verwirrung der Geister und Kategorien, zu allgemeiner Willkür und Wahnvorstellung.

Wenn sich das *demos* dem modernistischen Glaubenskrieg größtenteils widersetzt hat und den Modellen traditioneller Architektur treu bleibt, so ist dies nicht auf Unkenntnis oder Senilität zurückzuführen. Diese Haltung beweist vielmehr nachdrücklich den beständigen Wert und die fortdauernde Gültigkeit traditioneller Architektur.

ATLANTIS, L.K., 1987

Modernität, die zur bequemeren Bewältigung des Alltags beiträgt, findet breite Akzeptanz. Ein aggressiver Modernismus jedoch, der sich gegen Verstand, Vergnügen und Wahlfreiheit stellt, wird zu Recht als bedrohlich empfunden. Gewaltige moderne Bauprojekte wie Flughäfen und Autobahnen sind bislang gemeinhin kein vergnüglicher Anblick. Zieht man zudem ihre immensen Kosten in Betracht, warum sollten sie mit ihren majestätischen Passagen, großartigen Parks, großangelegten Pavillons und glitzernden Hallen nicht die Schlösser unserer Zeit werden?

ARCHITEKTUR UND POLITIK

Architektur ist per se weder autoritär noch demokratisch. Es gibt lediglich autoritäre und demokratische Formen, sie zu schaffen oder zu nutzen. Eine Reihe dorischer Säulen ist von Natur aus nicht autoritärer, als ein leichtes Flächentragwerk demokratisch ist. Als höchster und sichtbarster Ausdruck der *polis* ist die Architektur selbst nicht politisch. Sie kann jedoch politisch benutzt werden. Doch nicht einmal ihr politischer Mißbrauch kann ihre universelle zivilisatorische Kraft vernichten. Architektur transzendiert jeweils die Ziele der Politik, der sie zeitweise dient.

Gebäude sind nicht aufgrund ihrer Architektur unmenschlich, sondern weil ihrer Architektur etwas fehlt. Ein Gebäude wird unmenschlich durch einen Mangel an Architektur oder wenn es in falsche Architektur oder Kitsch gekleidet wird. Kitsch ist sowohl falsche Erscheinung wie Abstraktion. Kitsch proklamiert Werte, die er nicht einlösen kann. Es gibt keine reaktionäre oder revolutionäre Architektur. Es gibt nur Architektur oder ihr Fehlen, ihre Abstraktion.

Besteht eine direkte Beziehung zwischen der allgemeinen Vorstellung heutiger Institutionen wie der NATO, der Vereinten Nationen, der Europäischen Union und dem krassen Funktionalismus ihrer Gebäude, die, wie es scheint, einen vorsätzlichen Mangel an symbolischem Ausdruck haben? Alle großen Institutionen der Menschheit sind bis zum heutigen Tag durch klassische Monumente symbolisiert: den Petersdom in Rom, das Kapitol in Washington, den Westminster Palace in London. Alle diese Institutionen und Gebäude sind seit Menschengedenken durch ein unsichtbares Band verknüpft. Würde, Autorität und der Selbstrespekt solcher Einrichtungen werden in der majestätischen Größe ihrer Architektur sichtbar und sinnlich erfahrbar.

HYPOSTYL-HALLE FÜR MASSIMO SCOLARI, L.K., 1977

Es ist nicht unwichtig, daß es nie öffentliche Proteste gegen traditionelle Architektur gab oder gibt. Man protestiert lediglich gegen ihr Fehlen. Obgleich man die fundamentalen Unterschiede zwischen traditioneller und historistischer Architektur nicht genug hervorheben kann, sollten architektonischer Historismus und die nostalgische Rückkehr zu stilistischen Figuren und Formeln der Vergangenheit nicht grundsätzlich moralisch verurteilt werden. Die Verwendung jeglicher Stilelemente, sogar solcher der Moderne, sollte nur nach ihrer Schönheit, Qualität und sachgerechten Anwendung beurteilt werden.

Auf jeden Fall sind die Ausrutscher und Schönheitsfehler der traditionellen Architektur für die Mehrheit der Menschen leichter zu ertragen als Abstraktion und Brutalismus. So haben sogar die barocken Exzesse traditioneller Architekturen den Zusammenbruch ihrer totalitären Regimes besser überlebt als die erst kürzlich hervorgebrachten modernistischen Steinwüsten.

DAS SCHICKSAL TRADITIONELLER ARCHITEKTUR

Traditionelle Architektur ist keine Sache, die Kulturen sich ein für allemal aneignen können. Sie wird von Individuum zu Individuum übertragen, und ihre Qualität variiert mit jeder Generation. Nach dem Erreichen großer Höhen kann sie plötzlich gänzlich verkommen oder sich nach einer Periode allgemeiner Dekadenz innerhalb weniger Jahre zu außerordentlicher Blüte steigern. Wie ein lebendiger Organismus unterliegt sie einem ständigen Prozeß der Erneuerung.

Ihre derzeitige Dürftigkeit ist nicht vom Schicksal vorbestimmt und rechtfertigt keinesfalls ihre universelle Ablehnung. Die Ursachen ihres Verfalls zu verstehen und zu erklären, ist notwendige Vorbedingung für ihre Erneuerung. Architektur findet ihren höchsten Ausdruck in den klassischen Säulenordnungen: Eine Legion genialer Künstlern könnte sie nicht weiter verbessern, als sie etwa den menschlichen Körper und dessen Skelett perfektionieren könnte. Karl Friedrich Schinkel lenkte die Aufmerksamkeit seines Jahrhunderts auf die Tatsache, daß der Fortschritt der Architektur in der Vergangenheit einen Punkt erreicht habe, an dem nur noch ein sehr geschultes Auge eine Weiterentwicklung innerhalb der klassischen Ordnungen entdecken könne.

Dies erweist sich auf allen Gebieten der Kultur: Eine klassische Sprache wird nicht aufgegeben, wenn man sie schlecht spricht; im Gegenteil, man entwickelt in solchen Perioden die Mittel, die notwendig sind, um ihre klassische Form wiederherzustellen. Das Argument, daß als Ergebnis welterschütternder Umwälzungen die Sprache oder die traditionelle Architektur erschöpft und letztendlich überholt seien, beinhaltete keine Kritik ihrer Strukturen und Kapazitäten, sondern die Ablehnung ihres politischen oder kulturellen Mißbrauchs. Traditionelle Architektur spricht, wenn sie wahr ist, noch heute zu uns. Weit davon entfernt, uns fremd zu sein, leistet sie uns gute Dienste. Sie übermittelt uns ihre wesentlichen Botschaften, auch wenn wir nur selten in der Lage sind, diese selbst zu bereichern.

Traditionelle Architektur ist wie eine lebende Sprache. Viele Architekten haben allerdings den Willen verloren, ihre Grammatik zu lernen und ihr Vokabular zu benutzen. Vergangene und gegenwärtige Krisen konnten sie weder aushöhlen noch verseuchen: Regeln und Inhalte und Vokabular sind in temporäre Verwirrung geraten, ihre Beherrschung und Vermittlung wurden lediglich brutal unterbrochen.

Doch ihre Wiederaneignung und die Wiederherstellung ihrer Disziplinen sind möglich und werden überall betrieben. Die Vermittlung von Werten findet weder mechanisch noch unwillkürlich statt, sondern mit Entschlossenheit und Verstand: Es ist eine kulturelle Wahl. Der Wiederaufbau regionaler und traditioneller Architektur ist daher auch nie eine spontane Angelegenheit, sondern eine philosophisch-konzeptionelle und persönliche-individuelle Entscheidung. Nicht zufällig sind heute die besten regionalen Architekten nicht am Bauort ansässig.

DER ZEITLOSE WERT
TRADITIONELLER GRUNDSÄTZE

Die Rekonstruktion traditioneller Architektur ist nur in einem breiten Kontext sinnvoll, der die Planung und Modernisierung ganzer Städte, Dörfer und Landschaften miteinbezieht. Dieses Ziel steht durchaus im Einklang mit den Wünschen der Mehrheit demokratischer Wähler. Traditionelle Architektur hatte zu allen Zeiten verschiedenen politischen Regimes gedient; und es gibt keinen Grund, warum dies nicht auch in Zukunft der Fall sein sollte. Städte und Gebäude im traditionellen Stil lassen sich mit Vorstellungskraft und Eleganz auch den wechselnden Bedürfnisse einer fortschrittlichen Industriegesellschaft anpassen (wie es z. B. bei den Bahnhöfen des 19. Jahrhunderts der Fall war). Heutzutage etwa steht der Zweck von Flughäfen nicht im Widerspruch zu den typologischen und baulichen Techniken traditioneller Architektur. Wir verlangen von einem Flughafen nicht, daß er fliegt, und ein moderner Hangar ist nichts anderes als ein großer Portikus. Auch die Konstruktionstechniken einer Garage haben nichts mit denen des Autos zu tun, das sie beherbergt. Somit gibt es keinen praktischen oder philosophischen Grund, auf modernistischen Lösungen zu bestehen, wenn traditionelle Methoden bereits ihre Überlegenheit in finanzieller, technischer, typologischer und ästhetischer Hinsicht unter Beweis gestellt haben. Die Behauptung, die Grundsätze der traditionellen Architektur seien durch die industrielle Technologie überholt, ist falsch.

In der Architektur wie auch in anderen alten Disziplinen, wie der Mathematik, Gastronomie oder Philosophie, können technische, formale und typologische Innovationen nicht das eigentliche Ziel sein.

Einschränkung oder Erweiterung des typologischen oder morphologischen Inventars der Architektur folgen nicht spontanen Einfällen, sondern imperativen Veränderungen in Gebrauch, Gewohnheiten, Materialien und Techniken. Die Kreativität, die individuelle Qualität und die Originalität traditioneller Stadt- und Gebäudeformen liegen in ihrer schier unerschöpflichen Anpassungsfähigkeit an lokale Bedingungen. Traditionelle Architektur ist immer eine Schöpfung sowohl des praktischen als auch des ästhetischen Erfindungsgeistes. Sie besitzt eine größere Universalität als Sprache, da ihre Elemente für die Menschen überall ohne Übersetzung verständlich sind. Unabhängig von Land und Epoche umfaßt sie alle Gebäude, die von handwerklichen und künstlerischen Kulturen erdacht wurden. Im Gegensatz zur industriellen Organisation und Massenproduktion stützen sich solche Kulturen auf das Individuum, den autonomen Handwerker und Künstler.

Traditionelle Architektur bringt langlebige Gebrauchsobjekte hervor, Modernismus dagegen lediglich kurzlebige Konsumgüter. Aus diesem Grund widerstehen ihre Prinzipien, Formen und Techniken auch jeder Modeströmung, denn, um mit Hannah Arendt zu sprechen, weder öffentlicher Raum noch kollektive Kultur sind ohne die potentielle Unsterblichkeit unserer Gebäude und Städte möglich. Es gibt keine kurzfristige Weisheit.

Ohne dieses Material und moralische Potential könnte die Architektur nicht für sich in Anspruch nehmen, ein fundamental zivilisatorisches und zivilisierendes Werkzeug zu sein.

GYMNASION (SPORTHALLE)
UND RETTUNGSTURM, NEUER HAFEN.
BERLIN-TEGEL, L.K., 1980.

DAS NEUE, DAS EINMALIGE,
DAS TEKTONISCHE, DAS ORIGINALE

Wie „alt" die menschliche Rasse auch sein mag, sie ist in der Lage, eine wunderbare Vielfalt von neuen und einzigartigen Individuen hervorzubringen. Die grundlegenden Prinzipien traditioneller Architektur besitzen die gleiche unerschöpfliche Gabe, neue und einmalige Gebäude und Städte zu schaffen. Die klassischen Vorstellungen von Stabilität und Zeitlosigkeit sind ganz eindeutig auf die Lebenszeit der Menschheit bezogen, sie sind keine absoluten metaphysischen und abstrakten Werte. In diesem Zusammenhang ist das Alter eines Prinzips unerheblich.

Diese Grundsätze sind denn auch nicht in einer historischen Vergangenheit verwurzelt, sondern ihr Ursprung ist immer gegenwärtig. Der Ausdruck „Architektur" bezieht sich auf den Ursprung (*arché*) des Fachwerkgebälks (*tékton* = Holzhandwerker), also die Urform der Konstruktion, die originale und archetypische Form, frei von allen Aspekten des Stils, der Kunst, des Überflusses. Hierin klingt auch das Altehrwürdige (*archaíos*) klassischer und traditioneller Grundsätze und ihrer zeitlosen Werte mit.

Entgegen den Behauptungen der Modernisten verkörpert traditionelle Architektur nicht historisches – im Sinne von „vergangenem" – Wissen, sondern technisches

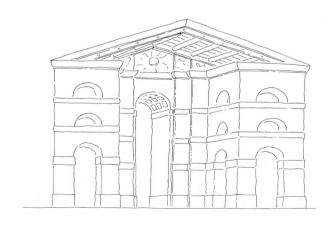

VILLAGE HALL, WINDSOR, FLORIDA, L.K., 1993.

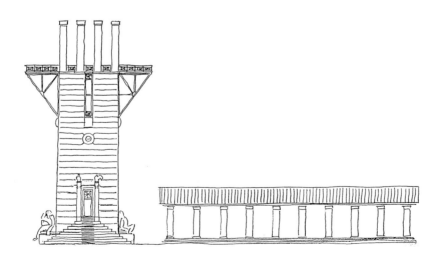

MARKTHALLE UND BELVEDERE, HAUPTPLATZ, SEASIDE, FLORIDA, L.K., 1985.

Know-how, welches in direktem Bezug zur Conditio humana steht. Die Grundsätze ihrer Technologie sind in einem streng anthropologischen Sinn universal und deshalb weder zu verwechseln mit „traditionalistischen" Klischees und Scheinbildern noch mit dem nostalgischen Festhalten an veralteten und anachronistischen Methoden und Formen. Die universellen Grundsätze traditioneller Architektur – Harmonie, Stabilität, Nützlichkeit – stimmen mit den fundamentalen Zielen aller wichtigen menschlichen Institutionen überein. In jeder großen Kulturepoche waren sie die Mittel eines weisen, zivilisierten Gemeinwesens. Im Wirbel aller menschlichen Dinge sind sie die Garanten für soziale Bindungen, Stabilität und Frieden, die sichtbaren Anzeichen einer moralischen Welt.

Die traditionelle Architektur wird durch die bewußte Nachahmung einer beschränkten Zahl konstruktiver und funktionaler Typen bestimmt, welche fundamentale menschliche Aktivitäten beherbergen und nach außen darstellen, sowohl jene des individuellen als auch des kollektiven Lebens. Diese Typologien sind jeweils mit spezifischen Funktionen, Gewohnheiten und Ritualen verbunden.

Innere und äußere Massen und Räume, ob symmetrisch oder asymmetrisch verteilt, folgen in ihrer Anordnung einer organischen Logik. Dies sichert den rationalen Zusammenhalt der Grundrisse, Schnitte und Ansichten eines Gebäudes oder einer Gebäudegruppe.

Aufgrund ihrer Unterschiedlichkeit in Status und Maß unterscheiden sich regionale und klassische Strukturen in ihrer Komposition und Dimension, in der Relation des Ganzen und seiner Teile, in Material und Charakter, vor allem jedoch im Grad ihrer handwerklichen oder künstlerischen Ausarbeitung. Eine Hütte zum Beispiel, aufgeblasen zu den Ausmaßen eines Palastes, wird in der Komposition plump und im Detail grob wirken; andererseits wird die dekorative Feinheit eines monumentalen Gebäudes lächerlich wirken, wird es auf die Größe eines normalen Hauses verkleinert.

Die Details monumentaler Architektur müssen auch aus der Entfernung gut lesbar sein und dürfen, aus der Nähe besehen, ihre Feinheit nicht verlieren. In einer Synthese aus Größe und Eleganz sind ihre dekorativen und ordnenden Systeme artikulierter Ausdruck ihrer konstruktiven Logik, die sich zu Kunstfertigkeit und Poesie steigert. Monumentale Architektur übersetzt die Elemente volkstümlicher Bauweise in eine künstlerische, symbolische und monumentale Sprache unter Verwendung von Metaphern und Analogien.

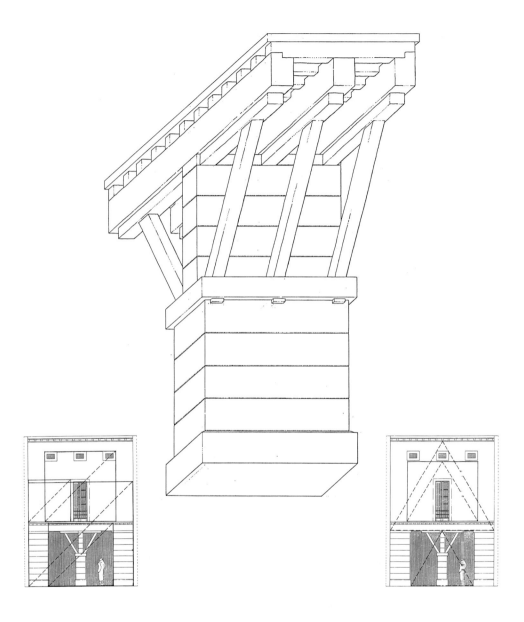

ZENTRALPYLON, FASSADE UND PROPORTIONSSCHEMA FÜR DIE „CASA VENEZIANA", STRADA
NOVISSIMA, BIENNALE VON VENEDIG, L.K., 1980. Dieser Ausstellungsstand zeigte urbane Gegen-
projekte, ausgearbeitet von den Archives d'Architecture Moderne unter der Leitung von Maurice
Culot und Léon Krier, 1977–1980.

Architektur ist keine Bildhauerei und umgekehrt: Ihr jeweiliger Inhalt und die damit verbundenen Mythen sind jeweils verschieden und ergänzen einander. Eine bildhauerische oder bildmäßige Ikonographie mag tektonische und typologische Ausdrucksformen bereichern, kann sie jedoch nicht ersetzen.

Jede traditionelle Komposition ist typologisch.

Jede traditionelle Konstruktion ist tektonisch.

Traditionelle Architektur ist weder esoterisch noch mystisch; sie ist ein Inventarium praktischer und ästetischer Antworten auf praktische Fragen des Bauens.

Obgleich traditionelle Architektur nicht mehr gelehrt wird, haben ihre Berufe, Disziplinen und Techniken viele industrielle Revolutionen überlebt. Damit ist sie ein wesentlicher Bestandteil moderner Architektur. So wird heute nicht ihre Existenz in Frage gestellt, sondern ihre Qualität jetzt und in Zukunft. Auf dieser Ebene ist unsere Wahl von entscheidendem Einfluß.

VENUSTAS · FIRMITAS · UTILITAS

Die vitruvianische Triade *venustas, firmitas, utilitas* (Schönheit, Stabilität, Nützlichkeit) ist das grundlegende Prinzip traditioneller Architektur. Bedeutung und Sinn können nur aus der Perspektive einer längeren zeitlichen Dauer verstanden werden. Man kann nicht eine ihrer Bedingungen befolgen, ohne auch die anderen zu beachten; man kann nicht eine von ihnen verwerfen, ohne auch die anderen außer Kraft zu setzen. Der Modernismus hat diesen Zusammenhang geleugnet, jedoch nur bestätigt, daß sich bei einem effizienten, funktionalen Gebäude Schönheit nicht automatisch einstellt. Ist es im übrigen nicht wahr, daß auch dem widerstandsfähigsten Bau nur eine kurze Lebensdauer beschieden ist, wenn es ihm an Schönheit mangelt? Nützlichkeit und strukturelle Stabilität sind keineswegs eine Garantie für materielle Bestandsdauer.

Uneinigkeit über die fundamentale Bedeutung der vitruvianischen Triade ist die Basis eines Schismas, das die Verständigung in der Architektur seit einem Jahrhundert erschwert, wenn nicht unmöglich gemacht hat. Laut den Verfechtern modernistischer Architektur ist das Sprengen dieser Dreiheit eine unwiderrufliche und unbestrittene historische Tatsache.

Nach traditioneller Theorie kann die Zeit in einer Ordnung zeitloser Regeln keine fatalen Brüche bewirken. Das unermeßliche typologische, technische und formale Repertoire traditioneller Architektur kann nicht einfach auf eine historiographische Klassifizierung reduziert werden, denn es repräsentiert ein Inventar von genetischer Kapazität. Ihre Typologien bilden strukturierende Schemata für unzählige Neuschöpfungen.

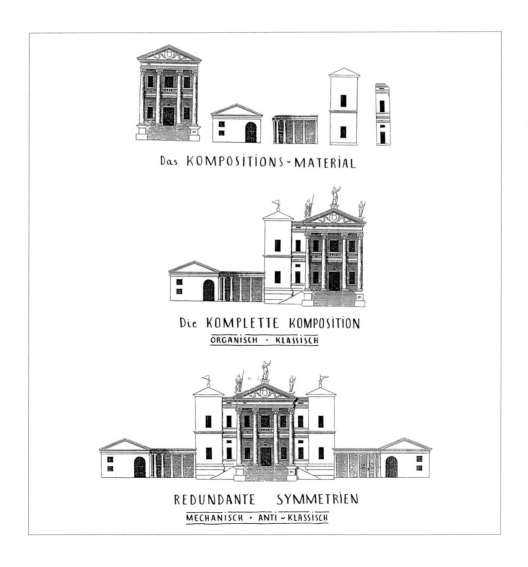

Das KOMPOSITIONS~MATERIAL

Die KOMPLETTE KOMPOSITION
ORGANISCH · KLASSISCH

REDUNDANTE   SYMMETRIEN
MECHANISCH · ANTI~KLASSISCH

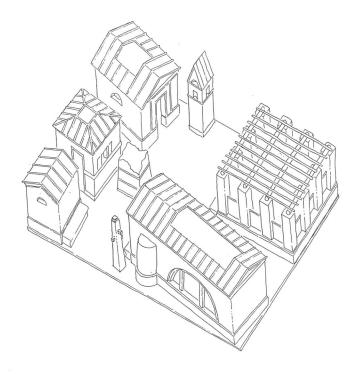

LÉON KRIER mit GABRIELE TAGLIAVENTI, AUSSTELLUNGSPAVILLONS FÜR DIE WEINGÜTER DER MARCHESI DE FRESCOBALDI, VINITALY, VERONA, 1995, UND „FOIRE DU VIN", BORDEAUX. Links: Kritik an der palladianischen Auffassung von Komposition, nach der hinter symmetrischen Pavillon-fassaden oft unangemessene und widersprüchliche Funktionen versteckt werden. Diese alte Untugend wurde von Palladio systematisiert. Sie bedeutete die Trennung von Inhalt und Form, Gebrauch und Funktion, Stil und Architektur, die dann 400 Jahre später mit der École des Beaux-Arts zum Kollaps ebendieser Kompositionsregeln führte.

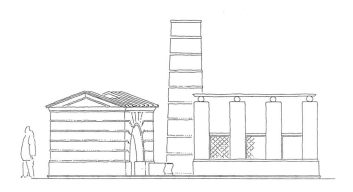

Middle Farm ~ Market Tower

LÉON KRIER

20·VII·91

VII

DIE UNIVERSELLE NÜTZLICHKEIT EINER MODERNEN HANDWERKSINDUSTRIE

ODER
DIE VIERTE INDUSTRIELLE REVOLUTION

KRITIK AN DER INDUSTRIALISIERUNG
DER BAUPROZESSE

DIE BEWERTUNG VON GEBÄUDEN
NACH IHRER LEBENSDAUER

WISSEN ODER KNOW-HOW –
DER BEDARF FÜR EIN MODERNES HANDWERKSWESEN

ZUSAMMENFASSUNG

KRITIK AN DER INDUSTRIALISIERUNG
DER BAUPROZESSE

Die allgemeine Kritik an der Industrialisierung der Bauprozesse impliziert keine Kritik an den Baumaterialien oder deren Produktion und Gewinnung. Das industrielle Bauen hat den negativen Effekt, daß es Gebäude, die für eine lange Gebrauchsdauer bestimmt sein sollen, in kurzlebige Konsumgüter verwandelt. So wird die Verschwendung von Baumaterial über den Punkt des ökologisch Vertretbaren hinaus getrieben. Der Hang zur industriellen Fertigung hat das traditionelle Handwerk an den Rand gedrängt, nicht aus praktischer Notwendigkeit, sondern aus ideologischen Motiven.

Die großangelegte Industrialisierung des Bauens hat in vielerlei Hinsicht ihre Versprechungen nicht einlösen können. Sie hat kaum erkennbare technische Verbesserungen gebracht. Sie hat nicht Bauzeiten und Kosten reduziert, sondern die Lebensdauer von Gebäuden. Sie hat nicht die Baukapazitäten vergrößert und weder die Arbeitsbedingungen am Bau verbessert noch mehr Arbeitsplätze geschaffen. Im Gegenteil, sie hat die Mehrzahl der 39 Bauhandwerksbranchen und deren großes Repertoire an technischem Know-how weitgehend verschwinden lassen.

REALISIERUNG WESERINSEL, „TEERHOF", BREMEN, L.K., 1978–1980. Der vom Bremer Senat beschlossene Bebauungsplan sah die Aufteilung großer Parkplatz- und Straßenflächen zugunsten einer privaten Parzellierung vor. Der Erlös sollten den Bau einer Konzerthalle, eines Hallenbades und die Rekonstruktion zweier historischer Stadttore ermöglichen, die während des Zweiten Weltkriegs zerstört wurden. Die Realisierung der städtischen Blocks wurde ausschließlich privaten Unternehmen überlassen.

Sie ist auch nicht in der Lage, Lösungen zu finden, die der typologischen, morphologischen, sozialen und ökonomischen Komplexität gewachsener Stadtzentren und Landschaften Rechnung tragen. Welches Aussehen sie auch haben mögen, ob traditionell oder modernistisch, Gebäude von Qualität sind auch heute eher das Ergebnis handwerklicher als industrieller Fertigung. Doch auch die Handwerkskunst selbst und die ihr eigenen Fertigkeiten wurden durch die industriellen Verhältnisse und durch Arbeitsteilung zeitweise niedergewalzt.

DIE BEWERTUNG VON GEBÄUDEN
NACH IHRER LEBENSDAUER

Industrielles Bauen wird im Vergleich zu handwerklichen Methoden gemeinhin als schneller, ökonomischer und effizienter gepriesen. Doch solche Legenden entspringen meist eher der Propaganda als praktischer Erfahrung.

Zunächst sollte daran erinnert werden, daß es auch handwerkliche Methoden gibt, die eine zügige Bauweise ermöglichen. So wurde die Stadt Brüssel, nachdem sie durch ein Bombardement im Jahre 1692 weitgehend zerstört worden war, mit ihrer aufsehenerregenden Grand' Place innerhalb von nur zwei Jahren neu geplant und wiederaufgebaut.

Drei Faktoren sollten bei der Bewertung der Qualität eines Gebäudes berücksichtigt werden:

1. Die Effizienz der Baumethoden. Diese kann genau kalkuliert werden, indem man die eigentliche Bauzeit zu der Zeit addiert, die man langfristig zur Instandhaltung benötigt, und das Resultat in Beziehung zur Lebensdauer des Gebäudes setzt.

2. Die ökonomische Effizienz eines Gebäudes. Sie ergibt sich aus der Gesamtsumme der ursprünglichen Baukosten und der langfristigen Unterhaltungskosten, bezogen auf die Lebensdauer des Gebäudes.

3. Die ökologische Effizienz eines Gebäudes. Auch hier ist ein objektives Urteil erst möglich, wenn man dessen Lebenszeit und Umgebung in die Betrachtung miteinbezieht.

WISSEN ODER KNOW-HOW – DER BEDARF FÜR EIN MODERNES HANDWERKSWESEN

In vielen fortschrittlichen Industrieländern wie Deutschland oder Italien ist es nicht länger vorstellbar, daß die industrielle Entwicklung auf Kosten des Handwerks gefördert wird. Die Koexistenz beider Produktions- und Denkweisen wird inzwischen als unabdingbare Vorraussetzung für eine moderne Ökonomie betrachtet. Auf dem Gebiet der Architektur bestehen allerdings noch immer stark ideologisch motivierte Widerstände gegen eine solche Koexistenz. Ausgewogene Entwicklung erfordert jedoch einen grundlegenden Einstellungswechsel und den Verzicht auf überkommene Überzeugungen, die in einer industriellen und kollektivistischen Teleologie verankert sind.

Es muß daran erinnert werden, daß der Entstehungsmythos der Moderne in Kunst und Architektur auf einem radikalen Bruch mit der Vergangenheit basiert. Der Rest wurde als „Vorgeschichte" deklariert, mit der Parole: „Es gibt kein Zurück." Einzelne Ereignisse und Werke wurden zu Paradigmen einer neuen Menschheit, einer notwendigerweise industriell dominierten Modernität stilisiert. Alles, was nicht mit dem Hauptstrom dieser sektiererischen Vision von Modernität schwimmt, wird als „historisierend", antiquiert und überflüssig disqualifiziert.

Der Bruch mit der Vergangenheit und die Historisierung traditioneller Baukultur werden so zu Mitteln der Selbstdefinition, der Herrschaft und des Ausschlusses, indem sich die industrielle Ideologie selbst als einzige produktive und kreative Kraft der Modernität etabliert. Als Konsequenz bleiben die traditionelle Architektursprache, ihr Darstellungssystem und sogar ihre Technologien von der industriellen Zukunft und damit von der Weitervermittlung ausgeschlossen.

Das immense Kapital an technischem Wissen, über welches bauorientierte Handwerkszweige verfügen, ein wahres Monument praktischer Intelligenz und ästhetischer Sensibilität mit einem enormen Potential für Produktion, Fantasie und Erziehung, wird als vorindustrielles, historisches Phänomen in Verruf gebracht.

LÉON KRIER und BONTINCK mit ATLANTE, NEUER SITZ DER REGIONALREGIERUNG, PLACE ROYALE, BRÜSSEL, 1993. Dieses Projekt umfaßt die separate Rekonstruktion und architektonische Wiederherstellung mehrerer historischer Gebäude, die über Jahre hinweg durch Achtlosigkeit und bürokratische Inkompetenz zu einem unübersichtlichen Konglomerat zusammengewachsen waren. Die labyrinthartige Struktur wird hier in drei unabhängige Gebäude geteilt, die jeweils unter Zuhilfenahme ihrer ursprünglichen Bautechniken, Architektursprache, Materialien und Farben wiederhergestellt und vervollständigt wurden. Das Resultat ist ein völlig neues, originales Ensemble, das sich durch eine resolute, radikale Modernität auszeichnet. Ungeachtet ihres Stils können zeitgenössische Gebäude von hoher Qualität nicht ohne hochqualifizierte Handwerkskunst gebaut werden.

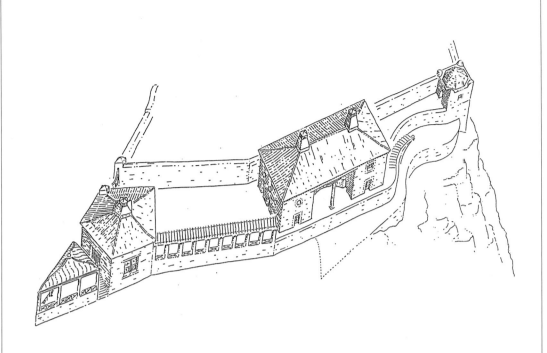

HAUS FÜR HELGA MÜLLER, ARONA, TENERIFFA, L.K., 1986.

Infolgedessen wird es von der praktischen Anwendung ausgeschlossen, zum Forschungsobjekt für die Archäologie oder Gegenstand von Vorlesungen über die Artsand-Crafts-Bewegung degradiert und auf das Niveau historischer Theorie reduziert. Doch damit sind wir als Gesellschaft im Ganzen nicht nur mit einer skandalösen Verringerung der produktiven Kapazitäten konfrontiert, sondern auch mit einer radikalen Einschränkung unserer demokratischen Wahlmöglichkeiten, in bezug auf Berufe und Gewerbe und – noch allgemeiner – auf wichtige Mittel individuellen Selbstausdrucks.

Folgerichtig wird den handwerklichen Praktiken, die für eine traditionelle Architektur unabdingbar sind, der Rang von Rand- oder Amateuraktivitäten zugewiesen, die vornehmlich autodidaktisch erlernt werden. Der immense Bedarf an traditioneller Architektur, der in allen freien Marktwirtschaften und Demokratien offenkundig ist, muß bislang mit Produkten von geringer Qualität, mit Ersatz und oberflächlichen Nachahmungen befriedigt werden. Das Entwicklungspotential dieses Marktes wird in Hinblick auf seine Qualität und Quantität ernsthaft eingeschränkt, um nicht zu sagen vollständig blockiert, durch das generelle Fehlen entsprechender Ausbildungsmöglichkeiten, Stellen- und Lehrstellenangebote und regulärer institutioneller Vertretungen.

Es ist offenkundig, daß eine Politik der Industrialisierung, so energisch und kreativ sie auch sein mag, nie wieder eine Vollbeschäftigung erreichen wird; dies ist weder ihr Ziel, noch liegt es in ihrer Kompetenz. So ist die vollständig industrialisierte Wirtschaft heute mit dem Problem struktureller Arbeitslosigkeit konfrontiert, das sie weder vermeiden noch lösen kann. Aus diesem Grund können wir annehmen, daß ein Großteil der Gebäude in Zukunft nicht mehr weiter durch industrialisierte Bautechniken entstehen wird, sondern auf der Grundlage traditioneller Handwerksmethoden. Daraus ergibt sich ein beachtlicher Bedarf an Arbeitskräften, vor allem für freiberufliche Beschäftigung auf breiter Basis. Die größte Behinderung der Entwicklung modernen Handwerks im Bauwesen geht heute nicht von den Kunden aus, noch liegt sie in der Natur von Handwerk und Gewerbe begründet, sondern sie ist in den ideologischen – geradezu „theologischen" – Verirrungen eines modernistischen Mystizismus und Sektierertums zu suchen.

Industrielle Ideologie und metaphysischer Kollektivismus haben Handwerksmethoden, Lehr- und Übungseinrichtungen und sogar die Handwerkskultur als

Ganzes vorübergehend zugrunde gerichtet: Es ist allein diese überholte Ideologie, die selbst deren partielle Wiederherstellung hemmt und oft ganz verhindert.

Industrielle Ausbildungsmethoden erzeugen spezialisierte, abhängige Arbeiter, Denker und Einstellungen. Wie sollte man sonst die Tatsache erklären, daß gerade in den Ländern der OECD mit mehr als sechzig Millionen arbeitslosen Händen manuelle Arbeit zur unerschwinglichen Rarität geworden ist?

Wir tun gut daran, uns zu erinnern, daß einst ein paar tausend Hände in der Lage waren, die schönsten Städte und strahlendsten Kathedralen zu errichten. Das Problem der Massenarbeitslosigkeit ist ein Problem der industriellen Ideologie mit ihren überholten politischen, moralischen und metaphysischen Machtansprüchen.

Die Ziele einer nationalen Bildungspolitik, die sich im Kern noch immer mit der intellektuellen und wissenschaftlichen Erziehung im Dienste einer allumfassenden industriellen Utopie beschäftigt, müssen zumindest teilweise revidiert werden. Weder der Staat noch die Industrie werden in Zukunft ein ausreichendes Beschäf-

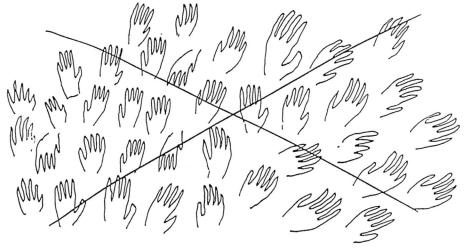

Größte Leistung des (industriellen) Kollektivismus

PREIS DER HANDArbeit WÄCHST PROPORTIONAL ZUR ZAHL ARBEITSLOSER HÄNDE

POTENTIELLE KONKURRENZ FÜR INDUSTRIELLE MONOPOLE UND PRODUKTE DURCH GEZÜCHTETE MASSENIGNORANZ UND ABHÄNGIGKEIT AUSGESCHALTET

tigungsangebot für die völlig abhängigen, desorientierten und verwirrten Massen zur Verfügung stellen, die nach fünfzehn Jahren allgemeiner Schulpflicht voller Theorie und ohne Praxisbezug in die Arbeitswelt entlassen werden. Idealerweise sollte die Schulausbildung die Menschen zur Unabhängigkeit erziehen und Vertrauen in ihre individuellen Begabungen und Neigungen wecken, anstatt sie in abhängige, passive und deprimierte Massen zu verwandeln.

Nur wenige Menschen besitzen die notwendige Begabung für die Art theoretischer und erkenntnistheoretischer Erziehung, die sich heutzutage über die Massen ergießt; Ausbildung und Lehre in einem Handwerksberuf und technische Fertigkeiten dagegen sind ein selbstverständlicher Weg, um die unverwechselbaren, eigenen Talente vieler Individuen zu wecken. Traditionelle Handwerksdisziplinen sind Ausdruck besonderer menschlicher Fertigkeiten und Veranlagungen, die naturgegeben und nicht allein durch den sozio-ökonomischen Hintergrund bestimmter Epochen zu erklären sind.

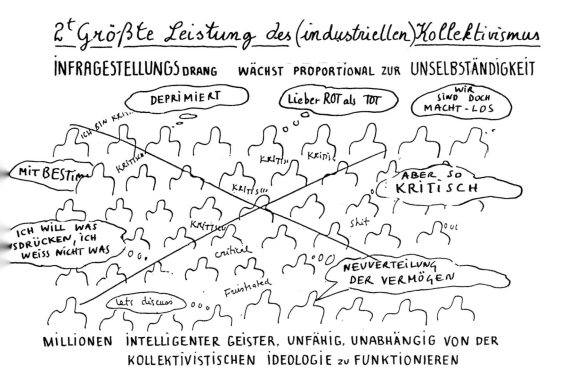

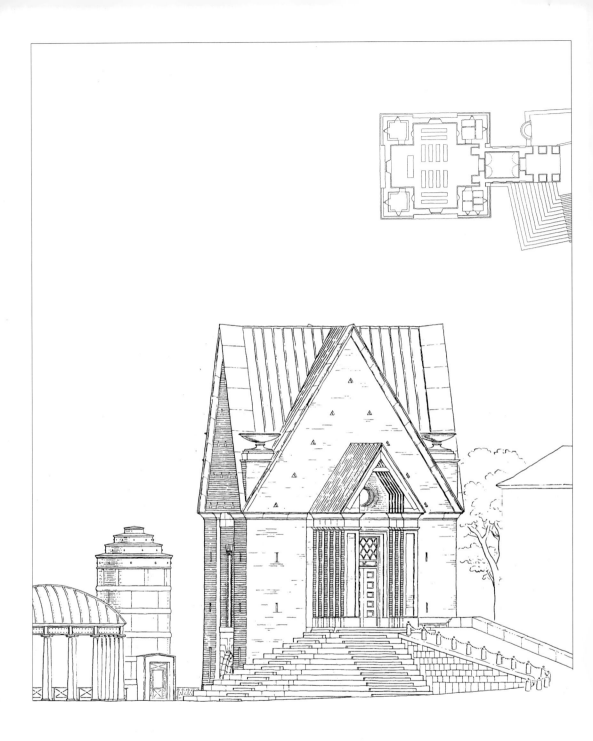

LÉON KRIER mit LIAM O'CONNOR, HOCHZEITSHALLE, AMIENS, KIRCHENVORPLATZ, 1983.

Selbst innerhalb einer globalen industriellen Utopie sollte die Vermittlung traditioneller handwerklicher Fertigkeiten gleichberechtigt neben Natur- und Geisteswissenschaften als einer von drei Wegen angesehen werden, den Geist zu wecken und zu schulen. Die Unterdrückung des traditionellen Handwerks jedoch stellt eine katastrophale Verarmung an individuellen Ausdrucksmöglichkeiten dar, eine Eingrenzung der menschlichen Fähigkeiten zu Unabhängigkeit und Freiheit.

Wiederaufbau und Förderung einer breiten, hochqualifizierten und autonomen Handwerkskultur sind unabdingbare Voraussetzung für die Wiederherstellung einer dynamischen städtischen Zivilisation. Eine solche Politik kann sich nicht auf Demagogie oder hohle Versprechungen an verzweifelte Menschenmassen verlassen. Sie muß sich auf Charakterstärke und private Initiative berufen, denn der Wert einer Gesellschaft hängt vollständig vom Wert des einzelnen Individuums ab. Im Gegensatz zu allen Formen des Kollektivismus verlangt eine zeitgemäße, von allen obsoleten Rückständen befreite traditionelle Architektur, daß die Menschen persönliche Verantwortung für ihre Ideen, Taten und Arbeiten übernehmen.

Persönliche Unabhängigkeit, Individualität und Verantwortungsbewußtsein, eine Arbeit, die persönliche Erfüllung, Identität und Eigenständigkeit auf jeder Ebene von Begabung und Intelligenz ermöglicht, sind zentrale Werte einer solchen Kultur. Sehr viele Menschen identifizieren sich mit diesen Werten, dadurch sind sie absolut und im besten Sinne modern.

DIE NEUE STADT POING, BAYERN, L.K., 1983. Der Bahnhof und das Tor zur neuen Stadt.

Einige Künstler möchten uns glauben machen, ihre Arbeiten und Theorien seien so weit fort-
geschritten, daß nur außerordentliche Kraftakte von Intellekt und Geduld die tiefgründige Aussage
ihrer Arbeiten preisgeben. Sie scheinen die Methoden und Ziele des Künstlers mit denen des For-
schers zu verwechseln und zu vergessen, daß die Bildenden Künste kein wissenschaftliches
Forschungsfeld darstellen. Es muß ein radikaler Unterschied zwischen den Werken gemacht werden,
die ein allgemeines Publikum erreichen sollen, und solchen, die sich an Wissenschaftler wenden.

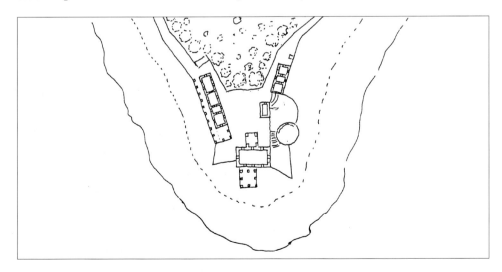

VILLA IN STRONGILO, KORFU, L.K., 1988.

ZUSAMMENFASSUNG

Alle Gebäude, ob groß oder klein, öffentlich oder privat, haben ein Gesicht, eine Fassade; aus diesem Grund üben sie ausnahmslos einen positiven oder negativen Einfluß auf die Qualität unserer Umwelt aus. Sie bereichern sie oder nehmen ihr dauerhaft und in radikaler Form jeglichen Reiz. Die Architektur einer Stadt und ihrer öffentlichen Räume ist im selben Maß wie Gesetze und Sprache eine Angelegenheit des Gemeininteresses – sie sind das Fundament von Urbanität und Zivilisation. Ohne deren allgemeine Akzeptanz gibt es weder eine gesellschaftliche Verfassung noch die Aufrechterhaltung eines normalen, zivilisierten Lebens. Sie können nicht aufgezwungen werden, und ihre allgemeine Zurückweisung ist nicht Beweis für Verständnislosigkeit seitens der Bürger, sondern für ein dürftiges Konzept.

Der bewußte Bruch mit Konventionen wie bei der Tabula-rasa-Methode beweist einen Mangel an Autonomie, die Unfähigkeit, den immer gültigen Gehalt von Mythen und Archetypen zu integrieren. Und doch hat in uns allen die Idee des „Zuhauses" als unsere innerste Zuflucht überlebt. Sie hat für jeden von uns eine fundamentale Bedeutung, da wir alle von irgendwoher kommen und das Bedürfnis fühlen, irgendwohin zu gehören. Wird dieses Verlangen nicht befriedigt, so verwandelt es sich in Schmerz, und dies ist auch die wörtliche Bedeutung von „Nostalgie" – die schmerzvolle Sehnsucht (*álgos*) nach Heimkehr (*nóstos*).

Das Ideal einer schönen Stadt, eines schönen Hauses, von schöner Architektur ist nicht utopisch; es ist weder reine Fantasie, noch ist es unmöglich zu verwirklichen. Wir alle haben es in der Realität erfahren, und es lebt stark in uns fort. Wir haben dort ein Gefühl von Frieden gefunden, eine Möglichkeit, glücklich zu sein, den Traum vom Wohlbefinden. Aus dieser Sicht sind Aufbau und Pflege unserer Heimat die höchsten Ziele menschlichen Strebens, unserer Intelligenz, unserer Arbeit und insbesondere auch der Kunst, Städte und Dörfer zu bauen.

Wesentlich bei dieser Kunst ist weniger die Schönheit ihrer Ideen als vielmehr die Schönheit des Ergebnisses, das man mit bloßem Auge erkennt, vom Detail zum Ganzen, ohne Vorbereitung und ohne jede Erklärung. Vor dem Panorama einer schönen Stadt sind wir oft berührt von der Kohärenz des Ganzen, seiner Form und Funktion, seiner Materialien, Symbole und Farben. Andererseits kann nichts erschöpfender sein als Häßlichkeit; es gibt keinen Schutz vor ihrer verzehrenden Wirkung. Ein

schönes Gebäude ist nicht in der Lage, eine schäbige Ansiedlung wirklich zu verschönern, doch ein einziges häßliches Gebäude kann die Seele einer stolzen Stadt lädieren. Die Schönheit eines Ensembles, einer Stadt oder Landschaft ist Ausdruck eines extrem fragilen Gleichgewichts. Ein gut entworfenes Gebäude mag einen beachtlichen Wertgegenstand darstellen, doch ein schöner Ort repräsentiert einen Gründungsakt, eine Zivilisationstat. Durch die Erschaffung von Städten erschaffen wir uns selbst. Wenn wir unsere Städte ruinieren, ruinieren wir uns selbst. Unsere liebsten Erinnerungen werden dann von Verbitterung vergiftet, einem Gefühl unwiederbringlichen Verlustes, sogar des Hasses auf das, was wir am meisten schätzten. Auf diese Weise flüchten wir vor der Welt und vor uns selbst. Ein schönes Dorf, ein schönes Haus, eine schöne Stadt kann für uns alle ein Zuhause werden, eine universelle Heimat. Wenn wir dieses Ziel aus den Augen verlieren, schaffen wir unser eigenes Exil auf Erden.

LÉON KRIER

DER AUTOR

Léon Krier wurde 1946 in Luxemburg als Sohn eines Schneiders und einer Pianistin geboren. 1967 studierte er ein Jahr lang Architektur an der Universität in Stuttgart und arbeitete von 1968 bis 1974 im Londoner Atelier von James Stirling. Als Dozent für Architektur und Urbanistik lehrte er an der Architectual Association und am Royal College of Arts in London, 1974–1977 an der Princeton University, 1982 als Jefferson-Professor an der Virginia University, 1990–1991 als Davenport-Professsor an der Yale University.

Er verwirklichte Projekte in Luxemburg, Frankreich, Italien, Spanien, Däne-mark, Deutschland, Portugal, in den USA und in England. Als persönlicher Berater des Prince of Wales entwarf er in dessen Auftrag den Masterplan zur Entwicklung der Stadt Poundbury in Dorset. Weitere Projekte: Möbeldesign für Giorgetti-Italy seit 1991; 1993 Bebauungsplan für Florenz-Novoli; 1996 Archäologisches Museum in Sintra (Portugal) und Justizpalast in Luxemburg; 1997 Vorstadtzentrum in Alessand-ria (Italien/im Bau) und Village Hall in Windsor (Florida/im Bau); 1988–1999.

PREISE UND AUSZEICHNUNGEN

1977 Berlin-Preis für Architektur
1985 Jefferson Memorial Medal
1987 Chicago AIA Award
1995 Europäischer Kulturpreis

AUSSTELLUNGEN

Weltweit wurden zahlreiche Ausstellungen
über das Werk Kriers veranstaltet, Einzelschauen u.a.
1985 im Museum of Modern Art in New York
1991 in der Nieuwe Kerk in Amsterdam mit „Imago Luxemburgi"
1996 Teilnahme an der Biennale in Venedig
1998 an der World Architecture Exposition in Nara

LÉON KRIER mit HR PEUKER, WEINGUT AN DER MOSEL, 1988–1999.

WICHTIGE PUBLIKATIONEN

James Stirling, Stuttgart (Hatje) 1974 und 1995

Cities within the City, Tokio (A+U) 1977

Rational Architecture Rationelle, Brüssel (AAM) 1978

L. K. Progetti e scritti, Venedig (Cluva) 1980 und 1984

L. K. Drawings, Brüssel (AAM) 1980

Culot – Krier. Contreprojets, Brüssel (AAM) 1980

Eine neue Stadt in Bayern, München (Südhausbau) 1983

L. K. Houses, Places, Cities, hrsg. von D. Porphyrios, London (Academy) 1984

Albert Speer. Architecture 1932–42, Brüssel (AAM) 1985

Bofill – Krier, hrsg. von A. Drexler, New York (Museum of Modern Art) 1986

The Completion of Washington, Brüssel (AAM) 1986

Atlantis, Brüssel (AAM) 1986

Completar Santurce, Puerto Rico (Oficina del Gobernador) 1988 und 1993

New Classicism, hrsg. von A. Papadakis, London (Academy) 1990

L. K. Architecture and Urban Design,
hrsg. von R. Economakis, London (Academy) 1992

I mobili disegnati da L. K., Giorgetti-Media, 1993, 1994, 1995 und 1998

Piano guida di Novoli, Florenz (Comune di Firenze) 1994

Carta per la ricostruzione della città europea,
hrsg. von G. Pucci, Florenz (Comune di Firenze) 1995

Architecture. Choix ou fatalité, Paris (IFA-Norma) 1996